聚学术精粹·汇天下智慧

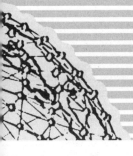

提高教师自我效能感
促进教师专业成长

手拉手助力教师专业发展

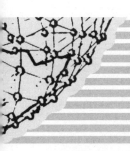

王艳荣◎编著

清华大学出版社
北京

内 容 简 介

本书着重介绍了北京市教委与通州民族小学一起合作的手拉手项目，学校在助力教师专业成长的探索与实践中，做出了巨大的贡献，本书针对这些实践探索以及教师身上所发生的变化，在本书中都做了系统的梳理与表达，其中还有丰富的案例，包括教师的教学设计、教学反思、教学案例、教育教学论文等，可以说，本书是一本蕴含学校行动智慧、内容丰富且诚意满满的书。

本书封面贴有清华大学出版社防伪标签，无标签者不得销售。

版权所有，侵权必究。举报：010-62782989，beiqinquan@tup.tsinghua.edu.cn。

图书在版编目（CIP）数据

提高教师自我效能感 促进教师专业成长：手拉手助力教师专业发展/王艳荣编著. —北京：清华大学出版社，2022.4

ISBN 978-7-302-58883-2

Ⅰ. ①提… Ⅱ. ①王… Ⅲ. ①小学教师－师资培养－研究 Ⅳ. ①G625.1

中国版本图书馆 CIP 数据核字(2021)第 162430 号

责任编辑：杜 星
封面设计：汉风唐韵
责任校对：宋玉莲
责任印制：杨 艳
出版发行：清华大学出版社
   网 址：http://www.tup.com.cn，http://www.wqbook.com
   地 址：北京清华大学学研大厦 A 座 邮 编：100084
   社 总 机：010-83470000 邮 购：010-62786544
   投稿与读者服务：010-62776969，c-service@tup.tsinghua.edu.cn
   质 量 反 馈：010-62772015，zhiliang@tup.tsinghua.edu.cn
   课 件 下 载：http://www.tup.com.cn，010-83470332
印 装 者：三河市东方印刷有限公司
经 销：全国新华书店
开 本：170mm×240mm 印 张：12.5 字 数：217 千字
版 次：2022 年 4 月第 1 版 印 次：2022 年 4 月第 1 次印刷
定 价：108.00 元

产品编号：084791-01

精研需求　精准支持　精细发展

与王艳荣校长相识，起源于2017年北京市教委启动的手拉手项目，彼时，我校与通州区民族小学结成同盟对子，开始了一场共同研究之旅。按照规定，项目总共持续3年时间，在这3年时间中，艳荣校长带领学校的教师团队，与我校教师一起，开展了深入的交流与研讨，其间，我对通州区民族小学以及艳荣校长本人的印象都极为深刻。

民族小学一直致力于和悦文化的建设，在文化的总体引领下，校长深深意识到所有理念的落实都要教师来实现，非常重视教师队伍建设，不断致力于教师专业素养的提升。学校期待每一名教师都具有青松不畏艰难困苦的无畏精神、咬定青山不放松的坚持品质、四季常绿的和悦本色。因此，在手拉手项目开展过程中，学校将重点聚焦到教师群体，根据教师队伍实际，制订和开展"青松"培训计划，致力于教师的专业成长。在我看来，学校在助力教师专业成长的探索与实践中，体现出了以下几方面的特点。

第一，精研需求，找准教师专业发展的着力点。学校管理中始终强调"目中有人"，对教师的专业成长并非学校一厢情愿地认为"你需要什么"，而是通过多种手段，了解教师的真实需求，以此找到教师专业发展的着力点。比如，采取问卷调查的方式，了解教师的自我效能感及其影响因素，并以此为学校教师专业化成长的起点，设计教师效能优化路径。

第二，精准支持，切实为教师的专业发展助力。在找到真实需求后，学校层面对教师的支持就能做到"精准发力"，以所需定所行。比如在手拉手项目中，依据教师实际情况，确定重点支持内容为课堂教学，在此基础上，基于教师的情况确定具体培养教师梯队，并聘请我校优秀教师指导、帮助学校教师改进教学，提供精准化的支持。

第三，精细发展，让教师的专业成长看得见。在精研需求、精准支持的有效行为之下，教师的专业发展得以精细化，教师的行为改变体现在每一次学情分析、每一次教材分析、每一节教学设计、每一次教学反思的一点一滴中，教师的专业成长被大家看得见，教师在参与研究、培训的过程中体会到了自己的成长与变化，他们的内心是喜悦的，未来专业发展的内驱力得到提升。

通过三年的合作研究，两所学校的教师深度研讨，形成了学习共同体，通州区民族小学的教师教育教学发生了诸多变化。比如，教师逐渐将培训看作是一种常态学习行为，变"派我去学习"为"我要去学习"，变"不清楚学什么"为"我想学什么"，变"课堂教师不停地讲"为"课堂教师不断让学生去发现"，变"视培训为负担"为"培训是一种发展的需求和福利"。

以上的这些实践探索以及教师身上所发生的变化，在本书中都做了系统的梳理与表达，其中还有丰富的案例，包括教师的教学设计、教学反思、教学案例、教育教学论文等，可以说，本书是一本蕴含学校行动智慧、内容丰富且诚意满满的书。我想，无论是校长还是教师，在阅读本书时，都会有自己的共鸣和体会。在本序言的结尾，我祝福通州区民族小学能在自己的实践智慧上不断精进，祝福学校的教师专业素养不断提升，祝福艳荣校长能带领学校走向更为卓越的未来。

北京市东城区黑芝麻胡同小学优质教育资源带校长

吴　健

2021 年 10 月

目录
Contents

第一章
学校发展蓝图——教师专业成长的沃土

第一节　学校文化的构建背景

　　文化是一个群体在一定时期内形成的思想、理念、行为、风俗、习惯、代表人物，及由这个群体整体意识所辐射出来的一切活动。一所学校只有真正发现并拥有适合自身发展的学校文化，才能实现高质量的教育，凝聚成学校的核心竞争力，打造出一流的学校品牌。

　　通州区民族小学通过不断地思考、调研与梳理，根据实际，结合当前社会发展的形势与需求，决定以和悦文化为核心，建设具有民族特色的学校文化体系，培养师生的民族情怀。

一、学校文化建设的政策背景

　　当下我国基础教育领域，通过构建优质的学校文化引领其内涵发展，已经成为一种趋势。深入思索与探究文化立校之路的动因与实践行动，会发现这在本质上是对国家"文化强国、文化强教"基本战略的落实。为回应国家层面提出的"文化兴国、文化兴教"的文化战略，北京市教育界制定了一系列规划，提出了北京市的行动策略。其中一项就是"形成中小学办学特色。开展育人模式、课程设置、教育方法改革试验，为每一个学生的全面发展创造条件……深化办学体制和管理机制变革，进一步激发学校自主发展活力。加强校园文化建设，评选 500 所中小学校园文化建设示范校。"为落实这项政策行动，2013—2016 年期间，北京市教委先后委托北京师范大学教育学部、北京师范大学学校文化研究中心、北京教育学校等专业的教育研究机构进行学校文化示范校的评选工作，并于 2016 年底完成了全市 500 所学校的评选。我校于 2015 年底参与了北京市第三批学校文化示范校评选，学校文化体系的系统构建也是在这样的宏观背景下展开的。

二、学校基本情况

学校现占地面积 4 379 平方米，建筑面积 2 878 平方米。目前，学校有教师 38 人，教学班 12 个，学生 400 余人，其中少数民族学生近 106 人。学校有 80 多年办学历史，逐渐形成了自己的办学优势与特色，这成为凝练学校办学文化的重要基础。

（一）办学优势

1. 学校地理位置优势

学校紧邻新华大街，处于通州区发展与建设的核心地带。周边大校、名校林立，也为我们提供了很多学习的机会。

2. 学校历史发展优势

通州区民族小学历史悠久，迄今已 80 多年。原名为穆光小学，1938 年由金吉堂联合回民中的有识之士创办，1940 年 4 月 30 日正式开学。1951 年，政府接管穆光小学。1955 年，学校更名为回民小学；1957 年更名为民族小学，并一直沿用至今。学校内涵积淀日久弥深。多年来，我校向社会输送了大批人才，为通州的发展与建设，发挥着巨大作用。

3. 学校品牌创建优势

民族团结与融合教育，是我校主打的品牌。这不仅是学校校名的具体内涵，也是历史赋予我们学校特殊的重任，也可以说是其他学校所无法比拟的。

4. 学校规模管理优势

学校规模小，管理就变得直接、灵活。北京市和通州区民族教育委员会也为我们民族学校搭建了很多平台。因此，我们是小学校大舞台，师生面临发展与锻炼的机会相对较多。

（二）办学特色

学校的办学特色是好习惯养成教育。即教师从行为训练入手，综合多种教育方法，全面提高学生的"知、情、意、行"水平，最终使学生在遵规守纪、文明礼仪、勤奋学习、健康身心等方面，形成良好的行为习惯。

通过全体师生努力，好习惯养成教育取得了一定成效，在区里享有一定声誉。2010 年，学校《小学生良好习惯培养的实践性研究》被确立为区级重点课题；2012 年，学校在规范化建设验收中顺利通过，并被评为特色建设优秀学校。近年来，我校《好习惯养成教育校本课程》被评为区级一等奖，送交北京市参评，获得市级一等奖好成绩。我校体育节、主题教育等工作曾多次被通州电视台宣传，"好习惯银行"做法被《中国少年报》刊登。干部教师论述习惯培养的多篇论文获国家、市、区奖，其中《以校训为核心，引领学校全面发展》一文，被刊登在《通州教育》刊物上。

三、学校历史发展阶段及其理念传承

2010 年，《国家中长期教育改革和发展规划纲要（2010—2020 年）》中指出，义务教育要"注重品行培养，激发学习兴趣，培育健康体魄，养成良好习惯"。我校的办学特色好习惯养成教育，逐渐成为学校文化建设中极为重要的一部分。

民族小学和悦文化的建设与发展，是经过专家以及全体干部教师透彻分析、重点结合学校好习惯养成办学特色而提出的。因此可以说，和悦文化既传承了学校教育传统优势，同时又结合学校民族教育特色进行了提炼与提升。和悦文化建设主要历经三个阶段。

（一）奠基阶段

这一阶段主要是指 2007 年以前。学校非常重视学生习惯培养，2006 年，提出了"好习惯养成教育"，将其纳入学校整体工作计划，并定期组织教师进行培训与交流。可以说，习惯培养这项工作进行得非常扎实深入，学校与教师均积累了大量管理经验，以及鲜活案例。

但从另一层面而言，就学生习惯培养，只是处于一个泛化阶段，因为对学生进行习惯培养，是每所学校都在做的教育教学任务，并没有作为民族小学的特色工作进行真正明确。

（二）发展阶段

这一阶段主要指 2007—2013 年。2007 年，北京市小学规范化建设工程启动。学校开始重视办学特色，不断提炼自身优势资源，构建规范办学体系。

我校认真梳理以往教育教学工作，认识到学生习惯培养这项工作的重要意义，同时，总结出我校的成功经验，取得了非常大的成绩。

2008 年初，我校研发了《好习惯早养成》层次性系列要求读本，读本将40 个好习惯按低、中、高年级段，具体规范了学生需达到的标准。学校还组织教师对照教材，深入挖掘、列举所有课程教材中的好习惯培养因素，并汇编成册。教学中，教师们依据纲要，对照要点对学生进行训练，使训练重点得以明确和落实。

根据学校特色建设方案，立足学校发展现状，2009 年初，我们着手编写学校特色建设校本教材，9 月投入使用。本套教材共 7 本，《好习惯早养成》1 本，为各年级段 40 个好习惯层次性系列要求，即纲要性读本；《好习惯从这里起步》6 本，每年级 1 本，每本编有 8 课书，每课书以一个好习惯为题目，每课书的具体内容由两课时完成。

至此，好习惯养成教育逐渐发展成学校的教育品牌，校训也是凸显习惯养成特色，即"好习惯，好未来"；学校管理经验多次在区级进行交流，并在《中国少年报》《通州教育》上发表；《好习惯早养成》校本教材分获市、区级一等奖等。

在这个阶段，我校已经非常明确地提出办学特色为"好习惯养成教育"；育人目标是培养"扎实的基础、良好的习惯、健康的身心、鲜明的个性"的学生；明确学校的校训是"好习惯，好未来"。

在这个阶段中，学校为了培养学生良好习惯，做了大量基础性与探究性工作，夯实了习惯培养教育工作的基底，也凸显了办学特色。

（三）明晰阶段

这一阶段主要是指 2013 年至今。2013 年 9 月，学校为了进一步提升教育内涵，一直在探寻促进发展的核心要素与动力。

北京教育学院多位专家为我校文化建设作出了巨大贡献。他们多次深入课堂听课，分别与干部、教师、学生代表进行座谈，举办专题讲座，最后结合统计出来的各种信息与数据，进行细致、系统、科学的分析，为学校做出了一份非常具体、可行的诊断性报告，为学校文化建设提出了建设性意见。

经过全体干部教师深入讨论，我们确立民族小学以"和悦文化"为标志，实施"习惯养成、民族情怀"为核心育人要素的和悦教育。这既是对学校发展过程中形成的好习惯培养传统的传承，又发展和强化了学校的民族基因。

第二节　学校文化的系统构建

一、学校办学理念体系建设

学校办学理念体系是学校文化的深层表现形式，是其成员所创造和遵循的精神成果与文化观念。学校经过多年实践，以及多次研讨，现确定了和悦文化的理念体系。

（一）和悦教育文化体系

办学理念：和悦教育

学校核心价值观：融和尊重，悦纳发展

我校是民族小学，地处回民聚集区，少数民族学生约占总数的 26%。因此，彰显民族团结与尊重是我校重点工作之一；融和主要是指各民族、各地区的人，以及不同文化习俗之间的相互交融。在融和尊重前提下，学校及师生共同发展。

学校办学目标：构建民族团结、多元发展的优质特色校

学校育人目标：培育具有良好习惯及深厚民族情怀的和悦少年

教师发展目标：做和悦之师

校训：好习惯，好未来

阐释：拥有学习与行为的好习惯，能够成就远大优秀的未来。

校歌：《民族的希望》

校徽：

（1）心图案是一棵枝繁叶茂的大树形象。树干是"MZ"的拼音缩写，寓意"教师将为培育祖国的栋梁之材而努力"。

（2）树冠是四颗心所围成的一个大心的形象。寓意：我们是民族学校，各民族团结一心，我们的事业将充满生机，蓬勃发展。

（3）整体为绿色，第一寓意我们的教育事业充满希望；第二寓意师生每天都在成长、进步。

（4）圆环寓意：第一，我们的各项工作将开展得出色、圆满；第二，每个师生必须紧密相连在一起，才能形成圆环，缺一不可；第三，表示民族团结、共存共荣的深刻含义；第四，和悦文化就是圆心，我们每个人的努力就是半径，这样，就可以不断向外延伸、壮大、发展，继而表现出民族小学"和悦教育"的精髓。

校旗：

（1）校旗以蓝色为背景，象征远大的理想与天空一般广阔的民族情怀。

（2）左上角是校徽；正中为校名。

（二）和悦教育核心价值观解读

"和悦"，也作"和说"，本义为和乐喜悦、和颜悦色。究其本源，早在三千多年前就已出现——西周思想家周公旦在《周礼·夏官·掸人》提及"万民和说而正王面"。在《史记·滑稽列传褚少孙论》中："郭舍人者，发言陈辞虽不合大道，然令人主和说。"

"和"，是中国哲学中一个很重要的概念，本身已经包含了"合"的意思，就是由相合的事物融合而产生新事物。此外，"和"也包含"融合、融和"之意，因为世界是多元的，事物之间是有差异的，我们尊重并接纳差异，进而和谐共处。

综上所述，我校据其本义，根据文化建设的思考和需求，对"和悦"一词进一步进行界定：融和尊重，悦纳发展。具体包括三层含义。

第一，体现中华民族"和"文化的精髓，寓意各民族和睦融合，团结一心，这是时代的主旋律；寓意和睦融洽的管理团队与教师团队，以及干群之间、师生之间与家校之间的关系；寓意和睦融通的社会大环境和校园内部小环境，以及多元文化的相互融合、尊重与全纳。

第二，"悦"，意为快乐、喜欢，是发自内心的积极情感，是大家共同追求的愿景，是和谐愉悦的氛围，也是我们学校文化建设的重要组成部分。我们关注全体师生的身心健康，将努力创设良好的校园文化环境，开展丰富多彩的活动，使得全体师生保持乐教乐学良好态势。

第三，全校师生相互学习，教学相长；相互依存，相融共生；合作创新，不断出新，配合城市副中心发展需求，开创民族小学建设新局面。

"和悦"基于社会主义核心价值观指导，是一种先进的文化发展理念，更是推动学校不断向前进步的不竭的核心动力。它是学校的教育号召力所在，同时贯穿与渗透在各项工作之中，培养与强化师生共生、共进、共荣的民族情怀。

二、学校办学实践体系建设

（一）尊重悦服的管理文化

党的十八届三中全会提出"增强国家文化软实力"。从管理到治理，需要文化认同为基础。我校十分注重管理文化的构建，以尊重为基底，以科学为指导，以人文为主线，从而达到人人心悦诚服的目标。

（1）科学管理。只有遵循科学规律，机制才能严谨和实效。我校规章制度涵盖到每个层面，每位教师、每个岗位均有具体的职责要求，且每项管理制度与办法的制定，均要经过数次研讨，并请专家进行把关，符合教育教学发展的规律与需要。

（2）民主管理。目前学校管理制度已逐步完善，每一项管理制度与办法的出台，都会召开全体教师大会，得到老师们的认可才能推行。学校就是要用民主的制度，让每一位老师感到主人翁的地位与责任；用公正的制度，把老师们团结在一起，正确处理工作中出现的各种矛盾，保持教学秩序的稳定；用公平的制度，去激励全体教师，提升老师们的自我效能感。

（3）人文管理。某种意义上而言，学校就是每位教师共同的家园。在这个大家庭里，我们要依法治教，更会通过管理制度传递温暖、分享快乐。例如《青年教师管理办法》中提出，"要丰富培训方式，鼓励青年教师树立奋斗目标，不断提升自我"。学校根据青年教师特点，要求他们要培养自身正当的兴趣爱好，形成特长；日常组织开展各种沙龙活动。学期末，学校组织召开"青年教师梦想起航"主题活动，邀请青年教师家长一起分享孩子成长的喜悦。很多家长流下了幸福的泪水，表达出对学校精心培养和严格要求的感谢之情。

（4）程序管理。管理机制的建立，是一种约束，更是一种导向。我们在做的就是让制度成为教师教育教学行为的导向和引领。利用行动导图进行流程化管理，是我校管理工作的亮点。学校工作分工明确，每人均有自己需要承担的职责。每项具体工作，学校都会利用简单明了的行动导图（图1-1），指引与组织工作的开展。

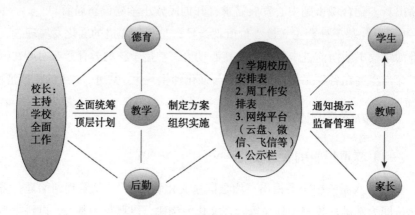

图1-1 学校行动导图

学校管理层次清晰、责任明确，同时将领导重心下移，体现人人均为管理者的管理理念，激发了教师主人翁精神。再者，规范的制度管理与人文关怀有机地结合起来，使我校的管理又提高到一个新的水平。

（二）构建合力成长的课程文化

课程是学校最重要的产品，是学校一切工作的最终物化体现，是师生能力的证明，是学校的核心竞争力。"和"具有"合"之意，我校课程文化为"合力成长"，意即整合三级课程教育内容，将民族教育融合其中，成为主线，贯穿始终；各级主体合力，为培养学生良好习惯与学习能力提供支持与保障；三级课程合力，整合资源，促进学生不断成长与发展。

1. 注重前期调研与分析，统筹安排与配置资源

做课程文化必须要进行背景分析，确定制定依据。学校根据自己的教育哲学，在具体实施国家课程和地方课程的前提下，通过对本校学生进行的评估，进行设置。

学校采用 SWOT（strengths weakness opportunity threats）分析法，对学校目前各方面资源的优势、劣势、机会和威胁等加以综合评估与分析，将内部资源、外部环境有机结合，来清晰确定课程设置的资源优势和缺陷，了解所面临的机会和挑战，加以调整方法、资源以及保障，以达到所期待的目标。如表 1-1 所示。

表 1-1　SWOT 分析法

内部	strengths 优势	weakness 劣势	外部	opportunities 机会	threats 威胁
学校规模	10 个教学班，学生 300 人。易于组织大型活动	规模小，不易组织大型活动	地理环境	地处通州新城核心位置，交通发达	周边大校、名校林立
文化氛围	民族教育氛围浓厚，人际关系融洽	部分教师不善于自主学习			
硬件设备	学校设备齐全、先进	有些设备使用不充分			
管理团队	干部能够团结合作，积极解决问题	需要进一步学习与接受新的管理理念	家长	多数家长支持学校教育教学工作，并且对于学校教育要求越来越高，呈现多层次、多元化特点	部分家长属于外来打工人员，文化程度低，与学校要求不能保持一致
教师	教师踏实肯干，团结合作	部分学科缺乏过硬的骨干教师引领			
学生	学生行为习惯很好	学生人数少；部分学生家长素质不高	社区资源	学校紧邻大运河、通州文化馆、博物馆等多家资源单位。且社区一直与学校保持良好联系，并相互合作	丰富资源有待进一步整合、利用
教学绩效	学校近三年在各方面取得很大成绩	部分教师自身综合素养有待进一步提升			

通过对各方面课程资源的综合分析，我校理清了思路，着手进行合力成长课程文化建设。

2. 注重资源开发与整合，构建三级课程实施体系

根据 SWOT 分析结果，学校以学生为主体，改变教与学方式，将现有资源进行有机开发与整合，深入落实三级课程，构建我校合力成长课程文化。

（1）各级主体合力。政府支持、学校保障、教师助力、家长配合，为培养学生能力与习惯，提供有力支持与保障，促进合力成长课程文化的形成、发展与提升。

（2）三级课程合力。合力成长课程以主题引领方式进行，旨在通过课程设置与实施，形成教育合力，促进学生养成良好习惯，培养民族情怀。

小松树是民族小学校树，寓意学生如小松树一般不畏严寒酷暑，坚毅挺拔，茁壮成长。我校合力成长课程目前已形成"四四三小松树成长课程体系"，充分体现了主题性、整合性、融合性的特点。如图 1-2 所示。

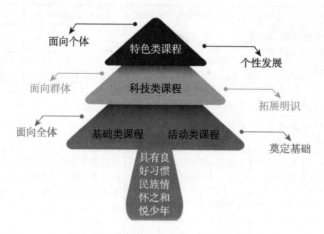

图 1-2　四四三小松树成长课程体系

第一个"四"指的是我校把课程分为四大类，即基础类课程、活动类课程、科技类课程和特色类课程。

第二个"四"指的是四类课程分别对应四项主题，即民族风韵、习惯固本、探索未来和艺术修为。

"三"指每项主题下所包含的三个子主题。即民族风韵——学科中的民族、主题实践中的民族、校本课程中的民族；习惯固本——学科育人、活动育人、典礼育人；探索实践——科技园地、博闻强识、专题探究；艺术修为——乐舞、书画、健体。

我校围绕育人目标中两个要点"习惯养成和民族情怀"，将重点利用基础类课程与活动类课程，分别以"民族风韵"和"习惯固本"两项主题进行引领，面向全体，深入贯彻与实施。

21世纪要求人才必须要具备三大技能：学习与创新技能、数字素养技能、职业与生活技能。学校立足未来发展，基于学科教学（科学、数学、语文、信息等），分为不同小组群体，以自主、探究、合作为主要学习方式，着力培养学生综合技能，提升科技素养。

我校作为民族学校，主打民族教育品牌，开发与设置系列彰显民族特色的课程，培养学生特长，促进个性发展。

3. 注重资源整合，推进课程体系深入实施

（1）整合教材资源，进行单元知识梳理。教材是进行教学的有效载体。为了提高课堂教学质量，学校要求语、数、英三科教师充分挖掘教材资源，进行细致的单元知识梳理。如语文主要是按照"三主题五个点"模式进行梳理，即：三主题——内容主题、中心主题、训练主题；五个点——一个专项技能训练点，一个读写结合点，一个积累点，一个口语交际点，习作中渗透一个写点。数学则是按照"四基"来梳理：知识技能、数学思考、问题解决、情感态度。英语学科是按照"听说读写记"来梳理。

教师站在单元角度，进行了系统的思考与整理，这样对于每一课承载的教学任务就会心中有数，大大提高了课堂教学指导实效。

（2）整合乡土资源，进行学科实践活动探究。我校围绕育人目标"培育具有深厚民族情怀的和悦少年"，就学科实践活动，采用主题引领，进行了深入探究。

本学期，组织全体教师围绕"乡土情怀"主题，进行"我爱通州"学科实践活动探究。例如四年级语文组教师根据《赵州桥》一课，组织学生进行了"我爱家乡八里桥"的调查实践活动；五年级语文根据第一单元"北京的人"主题，设计了"通州名人"实践活动；品社老师带领高年级学生，调查通州商业变化；

科学老师组织中年级学生调查通州鸟类，了解家乡生态环境；英语学科则在全体学生中开展"我是通州小导游"主题实践活动，介绍自己家乡巨大变化，在口语实践中，加深对家乡认识，提升热爱家乡情感。

（3）整合评价资源，凸显课程标准内涵。我校整合各项评价资源，努力构建关于课程建设多元化、发展性的评价体系。

第一，基于课程标准进行学业评价，防止教师超标"抢跑"。第二，利用《小学生综合素质评价》手册，有针对性地开展实践活动，利用多种评价方式，加强过程性、形成性评价。第三，注重学生学习习惯养成评价，根据年级段的不同，确定评价重点，分层推进。如学会质疑习惯培养，低年级要达到的目标是：激发对周围事物的好奇心，主动对感兴趣的事物提出问题。中年级目标是：留心观察周围事物，能提出学习与生活中的问题。高年级则要做到：留心观察周围事物，读书要认真思考，提出有价值的问题，并借助各种工具、资源解决问题。

4. 打造民族特色课程，凸显学校办学特色

为了帮助学生加深对民族文化的了解，增进对民族文化的热爱之情，我们利用教师资源，开发了民族系列校本课程，每周一节课，学生根据兴趣自主选择参与。

多年来，学校致力于民族精品校本课程的开发与建设。目前设有民族精神、民族艺术、民族游戏、民族风俗、民族经典五大系列，共计 20 门课程，分为必修与选修。

民族艺术包括剪纸、编织、软笔与硬笔书法、舞蹈、乐器等；民族风俗包括民族小吃、胡同文化、各族风情等；民族经典包括《弟子规》《三字经》《千字文》《声律启蒙》《论语》和《古典诗词欣赏》，按年级进行选修；民族游戏包括柔力球、角球、数学游戏、花毽等；民族精神包括武术、民族英雄赞歌等。

学生可以根据自己的兴趣和爱好，自主选择。民族特色校本课程资源的开发与利用，使学生对于各民族有了更加深入的了解，体会到融合尊重是各民族交往的基本要求，同时也促进了每一名学生的个性发展。

2014 年 4 月，学校进行了民族特色校本课程成果大型展示汇报活动，区教委领导、学生家长在观看过程中，对学生的表现赞不绝口。

图 1-3 为民族特色校本课程体系。

图 1-3   民族特色校本课程体系

（三）和谐相长的课堂文化

构建和谐课堂，是实施和悦教育的有效途径。课堂上，教师努力营造和谐氛围，以社会主义核心价值观为指引，以培养具有民族情怀的和悦少年为目标，以主题综合性学习为主要途径，以导学三单为载体，继而达到教学相长的目的。

1. 实施导学三单，实现自主学习

新课改提倡让学生掌握新的学习方式。我校推行导学三单，就是为了培养学生自主探究与合作学习能力。具体是：课前预学单、课上助学单、课后拓学单。三单联动，就是一课的良性循环；每一课都走入良性循环，那最大的受益者就是学生。

课前预学单——导疑：我们站在学生的角度，进行思考：我在这一课中应该学会什么？我在课前应该做些什么？我对什么形式感兴趣？然后，我们根据不同的教学内容进行设计。

课上助学单——导思：学生根据提示，进行自主探究学习。

课后拓学单——导读：一节课不能止步于 40 分钟，课后，应该让学生根据所学，进行拓展延伸，加以巩固和提升。

2. 专项技能训练，增强积累运用

为了进一步落实 2014 年《北京市中小学语文学科教学改进意见》、《北京市中小学英语学科教学改进意见》、《北京市初中科学类学科教学改进意见》，增强学生学科素养，从学生发展需求出发，发挥教师群体智慧，为学生创造展示空间，我校提出每节课必须进行专项技能训练三分钟。例如语文学科以古诗文吟诵与成语积累为主；英语学科注重情境对话等。这课前三分钟，已然成为凸显学生自主参与教学的课堂文化的一部分。

此外，语文教师重视汉字书写教学，将写一手好字作为日常指导重点；每一课都要向学生推荐优秀篇目，指导学生进行课外阅读等。

3. 改变提问方式，注重观察发现

罗兰说过：世界上并不缺少美，而是缺少发现美的眼睛。作为教育者，就要引导学生学会观察与发现，引领学生积极实践，继而提高创新能力。

我校参与北京教育学院"教与学策略研究"科研项目，根据实际，制定了子课题为"有效提问"，其中有一点就是倡导教师在课上要经常问学生：你发现了什么？你有什么不同的见解和方法？通过比较，你有什么感受等。慢下脚步等学生，分层教学与评价。教学设计凸显实践性，以培养学生解决问题能力。

（四）构建合作精进的教师文化

我校教师人数较少，于是我们围绕"精"字做文章，着力打造一支精英团队，即师德精诚，专业精深，技能精湛，学识精博。

教师团队文化建设的理念是合作精进。"合"既有合作之意，也含有"和悦"之意。学校在"和悦教育"这一办学理念的引领下，追求师师之和、师生之和、生生之和的和谐与共发展的思想。"合作"既强调教师具有共同精进的文化愿景和价值追求，同时学校发展也是追求各个层级的战略合作。精进是教师发展的目标导向，在合作的基础上取得共同精进式发展，也是学校对教师发展的夙愿，着力于打造"合作共享、精进与共"的和悦之师。

1. 共建发展愿景，专注教师合作意识养成

每个教研组根据学科特点，以及教研基础和现状，提出合作发展愿景，全组教师团结一致，共同提升。

2. 打造和悦论坛，助力教师专业素质发展

我校早在五年前，就开设了大家讲坛。为了充分发挥其宣传、学习、交流的效能，其更名为和悦论坛，两周进行一次，主要包括专题培训、二级传达、学科技能、骨干风采、智慧分享、特长展示等内容。同时，我们的论坛主角不是专家和干部，而是每一位教师。这在教师中起到了非常好的宣传与学习作用。

3. 成立青年团组，致力教师教学技能提升

目前，青年教师已达 13 人。学校定期组织各项活动，如读书沙龙、学科焦点荟萃、板书设计比赛、课堂教学竞赛等。通过各项活动的开展，促进了青年教师团队整体素质的提升，以及向心力的凝聚。

4. 开展丰富活动，共创民族和悦幸福之师

教师的工作无疑是忙碌与劳累的，但感受与享受职业幸福，一直是学校追求与建设的目标。为此，学校每学期都会组织开展丰富多彩的活动，既不断提升教学素养，又力争让老师们强身健体，愉悦身心。我们希望每一位教师会工作，更要会生活，高质量的生活状态，才会带来高水平的工作情态。

学校教师人数虽少，但已逐步形成了良好的合作文化，老教师对新教师的传帮带；教师之间相互理解、相互帮助、相互学习与借鉴，逐渐形成一种促进自身专业成长的文化自觉。

（五）构建悦纳多元的学生文化

小学阶段，重在形成正确的价值观，养成良好的行为习惯。我们努力将核心价值观落实到教育教学的每一个细节，构建尊重、悦纳、多元发展的学生文化，培养基础扎实、身心健康、品行端正、积极向上、端庄大气的民族人。

1. 注重评价，促进良好习惯养成

为了切实推进好习惯养成教育，学校以争当和悦少年为教育主题，以好习惯超市为载体，采用各种途径和方式进行激励评价，努力贯彻"四个一"：每一个学生都要参与；每一月都有评价主题；每一周都进行小结评价；每一天都要达到标准。如表 1-2 所示。

学校根据学生年龄特点分层确立各项指标，突出阶段性和基础性。学生行为习惯评价指标可以帮助教师更好地把握学科教学，关注每个学生；帮助学生

表 1-2　"争当和悦少年"主题评价体系

类别	落实途径与方式	主题贯穿	评价载体	评价激励
仪式典礼	升旗仪式、迎新大会、开学典礼、毕业典礼、荣誉分享	争当和悦少年	《好习惯从这里起步》手册	好习惯超市
实践调查	学校周边社会资源丰富，如清真寺、文化馆、运河文化广场、通州区博物馆、大顺斋糕点厂等。组织学生到这些资源单位进行调查实践活动，培养合作学习、人际交往、观察分析等能力			
自主管理	学校要求班中人人有事做，管理到人人。班主任把班级各方面工作进行细致分工，每个学生都是小主人，都有具体负责的工作，培养关爱集体和他人的责任心			
主题活动	阅读季、民族风情节等			

明确自己的发展目标，帮助家长理解学校教育，有效地改变教师单一评价学生的局面，使学生、家长、班集体参与到评价中来，使评价变得更加真实全面。

如我们在对文明礼仪好习惯中的"语言文明"这一习惯点的培养中，根据学生的年龄特点又进行细分，低年级段的评价内容为：A 见到长辈或老师会使用"您""您好""谢谢""再见"等文明语主动问好；B 同学间发生矛盾时会使用"对不起""没关系"等礼貌用语；C 说话不带脏字。中年级段的评价内容为：A 不说辱骂别人的话；B 对有困难的人要给予帮助，对有身体缺陷的人不嘲笑。高年级段的评价内容为：A 与人交谈时，不说脏话；B 公共场所不大声喧哗。

这样尽量让评价指标显性化，根据这些指标对学生逐项评定，就很好地避免了评价的空洞和流于形式。同时，引领教师全面关注学生日常的发展状态，引导学生自觉地将评价与日常行为表现联系起来。根据同学们的日常表现，通过教师、同学以及家长的适时评价，在学期末是同学们竞选"民族小学四好少年"的有力依据之一。通过激励性引导与评价，不仅促进了学生个人良好行为习惯的养成，同时也促进了学校良好校风的形成。

2. 强化尊重，促进民族团结教育

融和、尊重是和悦文化教育的核心价值观，也是我校贯穿整体工作的主线。我校是通镇唯一一所民族学校，所以民族团结教育一直是学校重点工作之一。

（1）在日常教学中强化学生民族团结意识。

学科教师挖掘教材中涉及民族团结的资源，然后精心设计，于潜移默化中，强化学生意识。

例如三年级语文《葡萄沟》一课，老师将"了解维吾尔族风俗，促进民族团结"作为重点目标；通过录像感知、朗读悟情、想象画面、地理及历史课外资源补充，具体实现这一目标。学生通过各种语言实践活动，切实体会到了维吾尔族老乡与汉族人民自古以来情谊深厚，继而发自内心地喜欢上了维吾尔族，喜欢上了新疆这片土地。

（2）开展主题活动，培养学生民族尊重习惯。

学校充分利用每一次实践活动，合力培养学生相互尊重与理解民族风俗的行为习惯。

学校中有一面民族文化墙，上面有 56 个民族服饰与风俗的缩影，这是我们进行民族团结尊重教育的一项资源。我校有一项基本的教育惯例活动，这也是每个学生必经的教育，那就是要知道我国是个多民族国家，每个民族都有自己的特点，有自己特有的风俗习惯；我们每一个人都要理解与尊重其他民族的风俗。

此外，学校推行民族团结教育"六个一"：每个学生会唱一首少数民族歌曲，或者会跳一支少数民族的舞蹈；会演奏一种少数民族乐器；了解至少一个民族的风土人情；去一次民族资源基地参加实践活动；了解一位民族英雄；会用自己喜欢的艺术方式表现一个少数民族风俗（绘画、演讲、诗词等）。学生在教师指导下，逐步做到了"六个一"，继而达到民族团结与尊重的教育目标内涵。

3. 成立社团，促进学生个性发展

和悦教育目的就是让每个学生悦纳发展。顾名思义，就是发自内心的喜爱，主动参与，自主发展。学校根据学生需求，成立了十几个社团，主要包括诵读、形体表演、舞蹈、合唱、乐器、体育游戏、书法、武术等。利用校外活动等途径，采用校内师资与校外资源相结合方式进行指导，以欣赏和激励性评价为手段，促进学生学有所长，以及个性的发展。

4. 班级文化，促进学生自主管理

班级文化不仅为学生提供良好的成长环境，还是建设积极向上、充满活力的班集体的有效途径。它可以使学生的个性充分凸显出来，可以作为一种无形的精神存在。在学校"和悦教育"理念的引领下，各班都体现了不同的风格特点。

在每个学年初，班主任都要与学生一起讨论、制定班训，这是建设班级新生态的有效途径之一。如：四（2）班在设计班训时，定位于团结、友爱、勤奋、拼搏，体现了学生年龄特点。在教室内的专栏板块设计中，设计了"和悦之花"，对学习、卫生、行为礼仪等方面的习惯养成进行评价；在"和悦之星"板块中，又为每一个孩子搭建了展示特长的平台。

（六）精致和美的环境文化

校园环境文化实则是学校核心价值观的外在表现。在和悦理念指导下，我们努力构建精致和美的环境文化，即内容精致，凸显民族特色；外显悦心，激发民族情怀。

（1）校园民族文化墙。走进民族小学，就会看到醒目亮丽的民族文化墙。它主题突出、色彩美观，内容主要包括民族一心、民族体育、民族之路、民族未来四个板块。民族文化墙已然成为学校进行民族团结宣传与教育的主要阵地。

（2）楼道民族文化墙。教学楼共四层，每一层均以民族为主题，进行了精心布置。明确了主题：一层和悦助力发展，二层和悦铸就师魂，三层合力引领实践，四层合力呵护成长。同时，教学楼内文化墙的设计与布置，体现了学生的参与性、展示性与实践性，因为学生不是局外参观者，而是小主人，可以将自己亲自制作的体现民族特色的艺术品进行设计与摆放；将自己获得的成绩与荣誉进行展示与宣传。

（3）阅读天地。立身以立学为先，立学以读书为本。学校努力创设立体阅读环境：图书馆全天候开放，班级中有阅读角，楼道里有乐读吧，办公室里有每月订阅的教育教学刊物；此外，学校在云盘里设置了阅读推荐助手，开设了民族小学微信群，大家可以把自己看到的好文章传到里面，互相分享美文佳作。学校已经形成浓厚的阅读氛围，全体师生融入其中。

我校在环境建设上努力体现"润物于无声"的"浸透式"教育，凸显墙体文化，突出楼道文化，精心设计阅读区文化。美观悦心、团结向上、彰显尊重的校园环境，使得师生每天徜徉其中，于耳濡目染之中即受到潜移默化的熏陶、影响。

（七）和睦融通的社区公共关系文化

在社会大环境之中，学校并不是单独存在。真正的和谐，应是学校小环境与社会大环境文化的相互认同、尊重、共融与促进。

（1）参观清真寺，了解回族悠久历史。学校对门就是清真寺，我们定期组织学生和家长进入参观；请阿訇到校进行历史和民俗知识讲解，解答师生的提问。就在这真诚的交流中，师生了解了回族文化与历史风俗，更知道了尊重民族风俗的重要意义。

（2）学生进社区，与居民喜过端午。中国有很多有意义的节日。我们在端午节这一天，组织学生进行了"回顾屈原爱国心，凝聚中华端午情"综合实践活动。在回顾历史、了解了伟大爱国诗人屈原的故事之后，老师指导学生进行包粽子。然后在社区领导带领下，孩子们把这些凝聚爱心的粽子，亲手送给社区的低保户。这项活动得到社区工作人员的肯定和赞扬，孩子们更是在实践中，能力得到了提升，情感得到了升华。

（3）教师进社区，共建文明单位。与社区建设相互支持与帮助，是我校优良传统。书法教师李洪生来到莲花寺，参与"寻找最美家庭"活动；杨雪梅主任应邀走进社区，教居民包粽子；陆润尘老师代表莲花寺社区，参加区里共建文明社区演讲活动等。学校与社区互通有无，彼此融合，相互支持，相互促进，同时也便于学校今后各项活动的开展与进行。

（4）健全安全保障机制，完善安全预案。师生安全为校园头等大事，学校不仅建立健全安全保障机制，完善各项安全预案，并与周边单位均有安全协议，共同维护校园安全。

三、学校文化建设存在的问题与下一步工作计划

学校和悦文化建设正在起步实践过程中，在很多地方还存在不完善之处。我校准备在今后工作中加以改进。

第一，和悦教育核心价值观的贯彻与实施，有待进一步提升。核心价值观是学校文化的灵魂，不仅是引领各项工作的主线，也是全体师生发展的共同理念和动力。为此，学校将加大宣传力度，使得和悦文化理念深入人心，成为师生的行动准则。

第二，课程文化建设有待进一步加强。课程是学校核心竞争力。我校合力成长课程初步形成，有待进一步完善。本学期，结合北京市《义务教育课程设置实验方案》，以及《通州区三级课程整体建设一体化方案》，我校将努力把合力成长课程文化贯彻与落实在三级课程之中，使二者有机融合，凸显学校特色。

第三，学校环境在和悦文化理念引领下，正在规划与建设之中。目前建设的重点是班级文化特色的创建。

在实践的过程中，我们越发感受到建设学校文化的重要意义与价值，感受到核心价值观对于推动学校、教师、学生共同发展的巨大力量。民族小学学校文化建设工作逐步趋于完善、成熟，我们会努力将核心价值观铭刻在心头、落实在行动。

第三节　学校文化落实的行动计划

深入贯彻党的十九大和习近平总书记系列重要讲话精神，按照"四个全面"战略布局，牢固树立和贯彻落实创新、协调、绿色、开放、共享的发展理念，坚持党的领导，把握正确的办学方向。深化教育综合改革，牢牢把握北京城市副中心的战略定位，坚持立德树人，培育社会主义核心价值观，传承中华传统文化，培养学生关键能力，提高教育质量，实现学校教育现代化，促进学生健康成长和全面发展，提升和悦教育品质。

一、涵养学生品格

（一）达成目标

继续贯彻落实中共中央国务院《关于进一步加强和改进未成年人思想德育建设若干意见》，积极推进民族精神教育与生命教育，以《小学生守则》《小学生日常行为规范》为教育重点，以校园文化建设为内驱力，健全德育管理机制，加强德育队伍建设，营造良好的德育环境，加强德育课题研究，丰富德育教育内容，探索德育新途径，完善德育评价机制。通过三年努力使全校教师牢固树立"人人是德育工作者"的教育理念，自觉在学科中进行德育渗透，树立以人为本观念，提高班主任工作的艺术性，努力培养学生成为尊敬师长、关心集体、热情向上、文明守纪的社会有用人才，逐步形成我校的德育工作特色。

（1）德育组织网络化。3年内，进一步完善学校、家庭、社会三位一体的德育网络，进一步拓展德育空间。让家长走进学校——了解教育；让孩子走进社区——宣传教育；让学校深入社区——展示教育。办好家长学校，定期对家长进行家教辅导，借助媒介平台，加大对学校的宣传力度，从而形成社会各方面齐抓共管的良性育人氛围。

（2）德育队伍专业化。加强班主任队伍专业培养，进一步提升班主任的人文素养和工作的艺术性；强化科任教师的德育工作参与意识，形成全校范围内的"人人是德育工作者"的教育理念。

（3）德育评价科学化。力争在3年内，完善学生综合素质评价体系和教师绩效考核体系，注重对教师和学生的发展性评价。

（4）德育资源最优化。3年内，充分利用德育基地和社区等社会资源，形成"爱国主义教育基地、社会综合实践基地，校内和社区德育阵地"等德育基地网络。

（二）学年重点

1. 第一年（2017年9月—2018年7月）

（1）围绕学生良好行为规范的养成开展系列教育活动，制定设计教育活动方案，促进学生良好行为习惯的养成。

（2）加强班主任工作的指导、培训，提高班主任的工作水平。组织班主任学习、研究，提高班主任工作的理论水平。

（3）总结并反思"学校—家庭—社会"网络机制，进一步规范家长学校的管理。

2. 第二年（2018年9月—2019年7月）

（1）进一步健全组织管理网络，确立由校长、德育分管领导组成的德育决策机构，建立德育工作小组的德育操作机制，发挥德育中心组的政治核心和监督保证作用。

（2）继续加强学生良好行为习惯的养成教育，争创通州区养成教育示范学校。

（3）加强德育课程建设，发挥德育工作主渠道的学科教学作用。

3. 第三年（2019年9月—2020年7月）

（1）加强德育工作的基础建设。定期组织教师参加各层面的培训，不断更新教育观念。加强师德建设，形成良好的师德风范。

（2）进一步完善德育管理机制，形成良好德育工作运行机制，把学校建设成社会主义精神文明主阵地，发挥示范、辐射作用。加强德育理论探索，总结德育工作及其成功经验，提高德育工作的水平。

（3）以艺术教育、科技教育为途径，以学生良好行为习惯的养成为主线，创建学校德育工作的特色，形成良好的教科研氛围。

（4）协调社会各方力量，为学校教育创设良好的外部环境。

（三）保障措施

1. 学校德育管理抓三支队伍

（1）德育中心组：学校建立由校长、德育处、少先队、班主任组成的德育领导小组，在学校德育实践活动中发挥引领、示范、辐射作用。

（2）教师队伍：组建由教研组长、班主任为骨干，科任老师协作的全员育人队伍。

（3）小干部队伍：学生德育教育由大队部按照学校每个时期的中心教育内容，开展主题教育活动。

2. 丰富德育内容，全面提高学生思想道德建设

（1）以爱国主义为核心弘扬民族精神，充分利用重大节日、重要事件和重要人物纪念日，开展主题教育活动。着重落实"我们的节日""好习惯养成教育""日行一善"等系列活动。做到每周一次主题升旗仪式，每学期一次主题实践活动，每学期不少于两次主题活动课。

（2）以德育建设和行为规范教育为主线，继续贯彻落实《小学生日常行为规范》和《小学生守则》，针对学生的年龄特点，加强文明行为的养成教育。

（3）以法制教育和心理健康教育为保障。通过举办讲座、组织开展"模拟小法庭"等多种形式不断增强学生的法制意识。开展经常性的心理辅导活动，为学生提供咨询、辅导服务，了解学生的心理状况，解除学生的心理障碍。

（4）以课题研究引领学校德育工作走向成熟。加大德育科研工作的力度，继续针对新时期教育规律和特点开展德育课题研究工作，将学校德育工作纳入科研整体工作之中。

3. 拓宽育人途径，增加德育工作的实效性

（1）全员育人，牢固树立"人人都是德育工作者"的理念，每位教师自觉承担起育人责任。

（2）学科育人，加强德育和学科教育的整合，与校本课程整合，与综合实践活动整合。

（3）班级育人，营造良好的班级文化氛围，创建和谐的师生关系，开展优秀班集体的创建等活动。

（4）实践育人，结合主题活动课、参观体验等社会实践活动，让学生开阔视野、增长知识、丰富生活经验。

（5）环境育人，继续加强校园文化建设。重视教室环境布置，学校做到绿化、美化、净化。

（6）家庭育人，通过家委会、家长会、家访等方式帮助家长树立正确的家教方法。

4. 创新工作机制，促进德育工作可持续发展

（1）德育科研机制，将德育科研纳入科研整体工作，鼓励班主任老师参与德育课题的研究。

（2）德育评价机制，完善评价机制，做到过程性评价和终结性评价相结合，将自评、互评、师评、校评、家长评、社区评相结合。

（3）德育激励制度，开展行为规范示范班以及优秀学生个人的评选。

二、提升教学质量

（一）达成目标

全面贯彻十九大精神，按照市区教育领域综合改革文件要求，以北京市新课程计划为依据，贯彻《民族小学义务教育三级课程整体建设一体化课程方案》，夯实教学常规管理，完善课程体系，努力构建和悦课堂文化，以促进师生共同发展为目标，以手拉手、学校阅读促进与推广及"基于学习者分析，教与学的策略研究"三大项目为引领，以校本教研为依托，以三级课程建设整体推进为载体，提高教师专业素养，培养学生关键能力，促进学校教学质量稳步提升。

（二）学年重点

1. 2017 年 9 月—2018 年 7 月

（1）完善教学常规管理评价机制，提高常规管理质量，努力营造赶帮超教风。

（2）贯彻《民族小学义务教育三级课程整体建设一体化课程方案》，完善课程体系。

（3）通过手拉手和"基于学习者分析，教与学的策略研究"两大项目，与黑芝麻胡同小学和北京小学通州分校建立亲密联系，充分利用优质学校资源，快速提升我校教师专业素质。确定重点学科与培养对象，力争短期内促进一部分教师成长起来。

（4）构建民族小学课堂自主学习模式，即课前导学、课上助学、课后拓学，强化精彩三分钟的设计与落实；导学三单的有效利用。

（5）利用"校园阅读促进与推广"项目，带领师生开展各项阅读活动，并形成系列。

（6）固化物化成果：《教师专业发展手册》《南街胡同文化》《最炫民族风（校刊）》等。

（7）认真钻研课堂教学，争取在共同体组织进行的阅读展示课中，进行高水平展示。

2. 2018 年 9 月—2019 年 7 月

（1）进一步完善和宣传校本课程《南街胡同文化》，将其打造成为我校精品课程文化名片。力争在市区级课程建设成果征集中，获得较高奖项。

（2）继续开展阅读展示活动，培养学生良好阅读习惯，在校园中营造书香氛围。

（3）加强课题研究管理。深入市区级课题研究工作，健全科研工作档案，形成课题研究典型经验。

（4）创设浓郁的教研氛围，提升教师的科研意识与能力。引导和促进广大教师积极开展教育科研和教学研究，以"问题课题化，课题大众化"的理念来推动教研与教学工作，努力形成主动研究、乐于研究、善于研究、潜心研究的良好氛围，争做研究型的教师。

（5）通过说课等教师基本功考核系列工作，提升教师教学设计能力，力争在通州区秋实杯教学竞赛中，能够捧杯。

（6）加强备课组建设，教学质量稳中有升，各学科检测达区中值以上等次。

3. 2019 年 9 月—2020 年 7 月

（1）形成基于备、讲、批、辅等教学常规管理经验，建立教师常规工作评价奖励机制，促进教师，尤其是青年教师不断成长。

（2）通过专家示范、骨干引领、经验交流等方式，深化学科实践活动课与综合实践活动课程建设，初步形成优秀课程案例集锦。

（3）以科研为引领，校本研训为助力，培养市级骨干教师 1 人，区级骨干教师 5～6 人，形成骨干梯队，作用显著。

（4）全面推进和悦课程实施，提升教师课程执行力，丰富学校课程资源库，梳理完整的学期系列精品主题活动课程，整理和悦课程实施报告。

（5）加强校本研修力度，提升教研组长执行力，提高教研活动实效性，组织开展教研经验交流会，积极宣传和推广典型经验，使评选教研组长和活力教研组工作成为常态。

（6）成立李洪生老师工作室，发挥骨干教师的模范作用，梳理李老师工作经验，召开研讨会，带动青年教师积极奋进，勇于担当。

（三）保障措施

（1）健全管理评价机制，树立全新的教育管理理念，强化、细化教学常规过程性管理，纳入绩效与评优，提高管理质量。教师常规检查的结果要纳入绩效工资考核的内容，作为教师评先、评优、职称晋升的重要过程性依据。

（2）结合新课改要求，遵循教学规律，贯彻落实《民族小学教学常规管理基本要求》。重视和加强对每一位教师在教学基本环节的规范要求、检查监督和反馈矫正。每次常规检查后要进行总结分析，及时向教师反馈常规检查中发现的问题，提出整改措施。

（3）通过各种渠道调研，了解教师教学与发展需求，提供帮助，激发教师自我效能感，达到最大化专业技能提升。

（4）充分发挥骨干与党员示范引领作用，宣传正能量，营造健康向上的教研风气。

（5）借助参与的项目，以及优质学校资源，引领教师改革教学方法，改进教学手段，革新教学模式，优化课堂教学，努力提高课堂教学质量。

（6）提高科研工作评价比重，引领教师重视科研工作，提高科研意识，掌握科研方法，继而不断提高课堂教学质量。

三、加强队伍建设

（一）达成目标

加强干部队伍建设，提高管理能力，更新理念，富有创新与奉献精神。营造教师发展的良好环境，提升教师队伍整体水平，打造和悦之师。力争在"十三五"期间建立起一支师德修养高尚、教育思想先进、综合素养好、教学水平突出、科研能力强、能够促进学生健康成长的高水平的专业化的教师队伍。到2020年，教师本科学历达到100%；熟练应用现代教育技术；有较高的教育教学和科研能力。力争实现培养多学科市区校骨干10～12人。

（二）保障措施

（1）围绕《中小学教师职业道德规范》要求，加强教师职业理想、师德修养和教育情怀教育，形成共同的价值追求，明确学校发展的愿景，提升办学品质，为学校各方面工作的开展提供指导。每年进行1～2次师德专题讲座。

（2）进一步深化人事制度改革，全面加强教职工队伍建设，加强师德建设，完善岗位设置与绩效考核的评价机制。

（3）教师自主制定《三年职业发展规划》，促进教师主动发展。继续开展师徒结对活动，借助市区骨干力量，指导青年教师成长。

（4）完善校本培训机制，注重学习，为骨干教师梯队建设搭设舞台。

（5）充分依托教导处和教研组，指导每一位教师制订课堂教学改进计划，明确每学期重点突破的薄弱环节，着力提升课堂教学效能。

（6）科学培养，形成成长梯队，培养业务精良的教师队伍。根据《民族小学教师工作好习惯》行为规范，开展教师业务技能练兵，苦练教学基本功。

（7）注重研训一体化，提高教师的专业化水平。以课题核心小组为中心做好课题研究，并发挥其辐射作用，提高全体教师的研究能力。

（8）学校教工之家开展教工活动，增强教工人文底蕴，创建学习型组织。营造良好的学校氛围，举办各类有益的群体活动，让教师感受职业幸福，共同创建和悦校园。

四、特色品牌建设

（一）达成目标

1. 民族团结教育

作为通州区直属小学中唯一的民族小学，学校将以"五大发展理念"为指导，深入贯彻两部委颁发的《学校民族团结教育指导纲要（试行）》，开展丰富多彩的民族团结教育活动，着力提高教育教学质量，积极参加市区民族学会组织的各项活动，努力构建和悦校园，继续发挥北京市民族团结示范校的引领作用。

2. 民族精品校本课程建设

学校校本课程均是以"民族团结教育"为主题进行开发和建设的。为了提高课程建设质量，学校将对《南街胡同文化》《民族舞蹈》《旱地冰壶》《书法》《武术》等进行重点打造，使之成为我校文化品牌，并能够在各级竞赛中获得优异成绩。

（二）保障措施

（1）通过校本培训，促使教师提高对于民族团结教育的认识，探究有效途径与方法，对学生进行相关教育。

（2）通过定期交流与研讨，促使教师总结相关教育教学有效策略，积累经验，查漏补缺，把民族团结教育工作做实、做深。

（3）通过培训与指导，不断提高教师课程开发力。学校成立课程开发小组，通过手拉手优质学校专家指导，进行深入探究，挖掘区域资源，打造学校民族团结教育文化品牌。

（4）学校对于教师相关需求给予大力支持，帮助解决实际问题。

第二章
教师自我效能感——
教师专业成长的起点

　　德国著名教育家雅斯贝尔斯在《什么是教育》一书中指出，"教育本身意味着，一棵树摇动另一棵树，一朵云推动另一朵云，一个灵魂唤醒另一个灵魂"[①]。这种教育强调作为教育实施者的教师需要充满希望、承担责任，以及具备一种积极对待学生发展的性格。教师如果抱着乐观的信念进入教室，持有有关教师、学生以及学生家长的正向信念，那么他或她就能建立有利于促进所有学生都能达成学业目标的学习环境，就能激发学生的内驱力、增强学生的动机和持久性，则正向的学生学习结果就会随之发生。

　　教师效能建设具有十分重要的意义，开展教师自我效能的研究，不仅关系到教师自身的发展与教师教学水平的提高，还关系到整个学校教学质量的提高。通过对我校教师自我效能感现状进行问卷及访谈调查，从社会、学校及个人等方面对教师自我效能感影响因素进行分析，呈现我校教师自我效能感现状，以此为我校教师专业化成长的起点，设计教师效能优化路径，为教师专业成长提供良好的生态环境，同时也希望通过这个实证研究过程，为其他学校提升教师效能感、加强教师管理工作提供一些行之有效的实践策略。

---

① 雅斯贝尔斯. 什么是教育[M]. 邹进，译. 北京：生活·读书·新知三联书店，1991：56.

第一节　教师自我效能感的内涵

教师的教育教学工作所涉及的要素主要包括教师本身、学生、教学目标、课程、教学方法、评价、教育环境等，每一要素都会对教师效能产生影响。教师自身因素（教师教学基本功、教师知识储备、教学信念等）、学校因素（教师队伍建设、校园文化、校长）和社会因素（教育政策法规、家长、社区）等三方面是影响教师效能的主要因素。教师效能感是测量教师心理健康的重要变量，体现了教师对自己教学能力的判断及教学结果的自信。实证研究显示，教师教学效能感能够调节其职业压力对职业倦怠的影响，高教学效能感的教师在面对职业压力时倾向于选择积极的应对方式，从而可以减轻其职业倦怠。

对于我校教师自我效能感的调研，主要从教师个体、班级、学校组织三个层面展开，研究框架模型如图 2-1 所示。在教师个体层面，主要分析教师以学

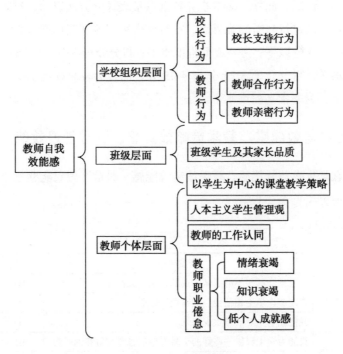

图 2-1　研究框架模型

生为中心的课堂教学策略、人本主义学生管理观、教师的工作认同及教师职业倦怠四类因素与教师自我效能感之间的关联。在班级层面，主要探讨班级学生及其家长品质对教师自我效能感的影响，在此班级学生及其家长品质具体涉及教师对班级学生的学习基础、学习能力、学习态度以及学生家长对子女学习的信心和支持情况的感知。在学校组织层面中，重点关注学校组织氛围——包含校长支持行为、教师合作行为、教师亲密行为三个因素对教师自我效能感的影响。

第二节　教师自我效能感的现状

调研采用李克特五点量表作答与计分，1 为"完全不符合"、2 为"大部分不符合"、3 为"一半符合"、4 为"大部分符合"、5 为"完全符合"，题目多数为正向描述题，反向题反向计分。各层面题项加总平均后即为教师对各维度所测变量的知觉情况。此外，通常李克特五点量表计分方法以 3、3.75、4.25 为对被试得分高低进行判断的临界点，本研究也采用该评判标准。具体而言，各维度得分处于 3 分以下，为差或低程度水平；得分介于 3 分与 3.75 分之间，为一般程度水平；得分介于 3.75 分与 4.25 分之间，为较高程度水平；得分处于4.25 分以上，为非常高程度水平。

一、学生参与效能感、教学策略效能感、课堂管理效能感

教师在学生参与效能感、教学策略效能感、课堂管理效能感三个构成指标上的知觉情况（见表 2-1）。

表 2-1　单 项 指 标

指标	测量题项	编码	均值
学生参与效能感	我能激励那些不愿意做作业的学生完成作业	B2	4.17
	我能够让学生相信他们能够做好作业	B3	4.46
	我能让学生对学习重视起来	B4	4.20
教学策略效能感	我能为学生提供一些好的、激发他们思考与解答的问题	B5	4.57
	我能采用多样化的评估策略来评估学生	B9	4.37

续表

指标	测量题项	编码	均值
课堂管理效能感	我能制止课堂上的扰乱行为	B1	4.51
	我能让学生遵守班级规则	B6	4.46
	我能让一些捣乱或吵闹的学生安静下来	B7	4.31
	我能与学生共同制定规则来确保教学活动顺利进行	B8	4.46

如表 2-2 所示，就均值而言，教师教学策略效能感（$M = 4.47$）>课堂管理效能感（$M = 4.435$）>教师自我效能感（$M = 4.393$）>学生参与效能感（4.276），就知觉水平来看，我校教师的自我效能感处于非常高的水平。这在一定程度上反映出目前我校教师课堂管理能力普遍较强，但部分教师在促进学生参与方面效能感还略显力不从心。

表 2-2 均值列表

指标	测量题项	均值
学生参与效能感	我能激励那些不愿意做作业的学生完成作业	4.276
	我能够让学生相信他们能够做好作业	
	我能让学生对学习重视起来	
教学策略效能感	我能为学生提供一些好的、激发他们思考与解答的问题	4.47
	我能采用多样化的评估策略来评估学生	
课堂管理效能感	我能制止课堂上的扰乱行为	4.435
	我能让学生遵守班级规则	
	我能让一些捣乱或吵闹的学生安静下来	
	我能与学生共同制定规则来确保教学活动顺利进行	
教师自我效能感		4.393

从图 2-2 对 B2 的条形图中可以看出，对于自己能激励那些不愿意做作业的学生完成作业这个问题，约有 2.86% 的老师有些力不从心，基本能做到的有 20%。

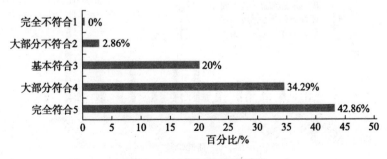

图 2-2 B2 指标的统计描述

从图 2-3 中可以看出，这 2.86%有些力不从心的教师是教龄在 3 年以下的，随着教龄越高，这方面会感觉越好。

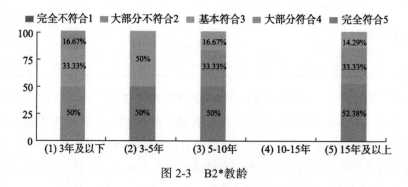

图 2-3 B2*教龄

从图 2-4 中可以看出，对激励那些不愿意做作业的学生完成作业这个问题有些力不从心的教师主要是在一年级和二年级，一年级相对会更多一些。

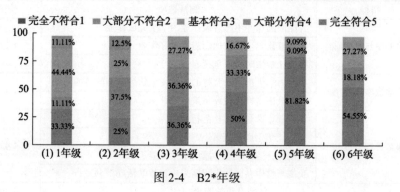

图 2-4 B2*年级

从图 2-5 中可以看出主要是英语教师对激励那些不愿意做作业的学生完成作业这个问题有些力不从心。

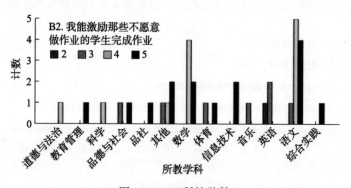

图 2-5 B2*所教学科

从图 2-6 中可以看出 B3 我能够让学生相信他们能够做好作业这个指标上教师的感知是这三个指标中最好的，五成以上的教师都在这个指标上感觉很好。

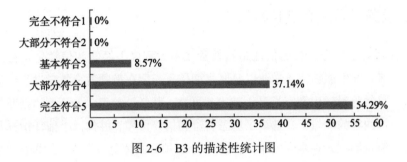

图 2-6　B3 的描述性统计图

从图 2-7 中可以看出教师在 B4 我能让学生对学习重视起来这个指标上的感知较 B3 差一些，但是要高于 B2。14.29%的基本符合教师群体主要集中在一年级至三年级，尤其是一年级居多，具体见图 2-8。

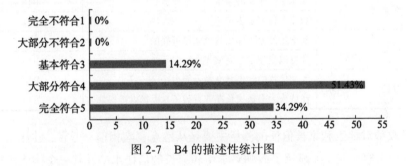

图 2-7　B4 的描述性统计图

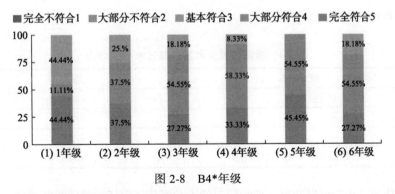

图 2-8　B4*年级

调查结果表明，我校教师普遍教学策略效能感较强，课堂管理效能感其次，学生参与效能感相对最低，仍有进一步提升的空间。从上述分析中可以发现主要集中在低年级及教龄较短的教师群体中，尤其是英语教师中，今后需对这些教师进行专项的培训和指导。

二、教师对学生和家长的信任

教师对学生和家长的信任是指教师在多大程度上愿意相信学生是有能力的学习者、学生能够完成学业以及愿意相信家长能在教师教育教学过程中提供支持，是教师对学生和家长是否诚实、可靠、胜任、善意、公开等的判断与感知。在该内容的测量上，选取了愿意冒险相信、可靠、胜任三个信任指标及其相应的测量题项，在本问卷中共涉及 6 个题项。具体见表 2-3。本部分问卷同样用 5 分量表，累计计分，得分越高，代表教师对学生和家长的信任程度越高。

表 2-3　教师对学生和家长的信任量表

指标	测量题项	题项名称
愿意冒险相信	我愿意信赖我的学生	B10
	我愿意信赖学生家长	B11
可靠	我学生的家长作出的承诺是可靠的	B12
	我可以指望学生完成作业	B13
胜任	我相信我的学生具有学习能力	B14
	我认为大多数家长在养育孩子方面都做得很好	B15

教师对学生和家长信任的测量主要是从愿意冒险相信、可靠、胜任三个指标进行考察。表 2-4 显示了教师对学生和家长的信任水平及其三个构成指标分别重新赋值后所得到的均值。

表 2-4　教师对学生和家长信任水平的均值

统计指标	均值
愿意冒险相信	4.625
可靠	4.2
胜任	4.115
教师对学生和家长信任感	4.313

从表 2-4 中可以看出，就教师对学生和家长的信任之整体情形而言，其均值为 4.313，介于 4.25～5 之间，处于非常高的层次，表明整体上我校教师对学生和家长的信任水平非常高。但是在"胜任"部分还是相对偏低，我相信我的

学生具有学习能力（B14）的感知均值为 4.37，我认为大多数家长在养育孩子方面都做得很好（B15）的感知均值为 3.86，从图 2-9 中可以看出 B15 中有约 34.29% 的教师认为家长在养育孩子方面还需要进一步加强，还有 2.86% 的教师认为家长在养育孩子方面做得还不够好。

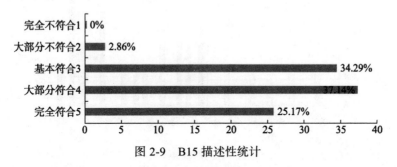

图 2-9　B15 描述性统计

从图 2-10 中可以看出认为家长养育孩子方面还需要进一步完善的主要在 5 年以下教龄的教师群体，尤其是 3 年以下教龄的年轻教师中更加突出。

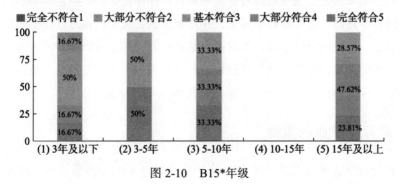

图 2-10　B15*年级

从图 2-11 中可以看出，在每个年级都有部分教师认为家长在养育孩子方面尚需完善。

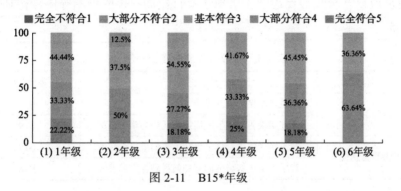

图 2-11　B15*年级

从图 2-12 中可以看出不同学科的教师对于家长在养育孩子方面做的效果的感知程度。

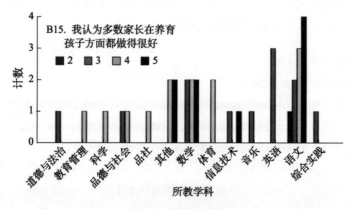

图 2-12　B15*学科

调查结果表明，我校教师对学生和家长信任程度很高，但是在个别指标上表现得有些偏低，尤其是教师对家长养育孩子的方式上，相对信任感知处于较低的水平，从上述分析中可以发现认为家长在养育孩子方面做得不太好、还需改进的主要集中在低年级及教龄较短的教师群体中，尤其是语文、英语、数学教师中，今后需在这几个学科对家长进行多一些引导和帮助。

三、教师对学业的重视

教师对学业的重视代表教师个体持有的对学生学业的重视观念以及他或她为力求促进学生获得学业成功所产生的行为和环境压力。就该项内容的测量而言，除描述教师对学业标准和目标的强调外，还涉及学生对学业目标的积极反应以及校长为促进学生实现学业目标而提供的资源等内容，具体见表 2-5。

表 2-5　教师对学业的重视的测量

指标	测量题项	题项名称
学业目标设定	我鼓励学生考取好成绩	B16
	我会明确告知学生他们需要达到的学习目标	B19
推进目标达成	我不接受学生草草了事交上来的应付性作业	B17
	我要求学生解释他们是如何得到他们的答案	B18

如前所述，教师对学业的重视的测量主要是从学业目标设定、推进目标达成两个指标进行考察。表 2-6 显示了教师对学业重视程度两个指标所得到的教师感知均值。

表 2-6　教师对学业的重视水平均值

统计指标	均值
学业目标设定	4.71
推进目标达成	4.435
教师对学业的重视	4.51

从表 2-6 中可以看出，就教师对学业重视之整体情形而言，其均值为 4.51，介于 4.25～5 之间，处于非常高的层次，表明整体上我校教师对学业重视程度的水平非常高。但是在"推进目标达成"部分相对较低，其中"我不接受学生草草了事交上来的应付性作业"（B17）的教师感知均值为 4.54，"我要求学生解释他们是如何得到他们的答案"（B18）的感知均值为 4.11，从图 2-13 中可以看出 B18 中有约 14.29%的教师不太要求学生解释他们是如何得到答案的。

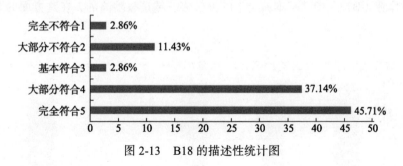

图 2-13　B18 的描述性统计图

从图 2-14 中可以看出主要集中在教龄 3 年以下的教师不太要求学生解释他们是如何得到答案的。

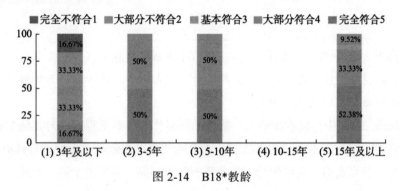

图 2-14　B18*教龄

从图 2-15 中可以看出语文、数学教师相对于其他学科教师来说会更多一些要求学生解释他们是如何得到答案的。

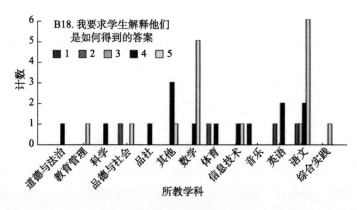

图 2-15　B18*学科

从图 2-16 中也可以看出，年轻教师中我不接受学生草草了事交上来的应付性作业（B17）中"基本符合"的人较多，越是教龄高的，在这方面的要求越高。

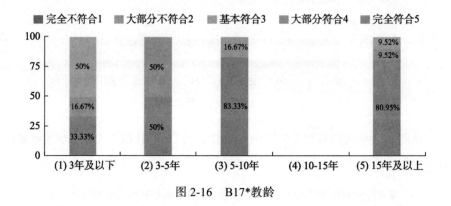

图 2-16　B17*教龄

从图 2-17 中也可以看出，一年级和六年级教师中我不接受学生草草了事交上来的应付性作业（B17）中"基本符合"的人较多，四年级、五年级的教师对作业的要求相对其他年级高。

从图 2-18 中可以看出语文、数学教师对作业的要求程度相对其他学科要高，英语、信息技术、品德与社会、体育等学科对作业要求程度相对较低。

调查结果表明，我校教师对学业重视程度很高，不同的学科、教龄和年级

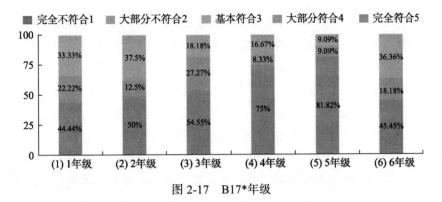

图 2-17 B17*年级

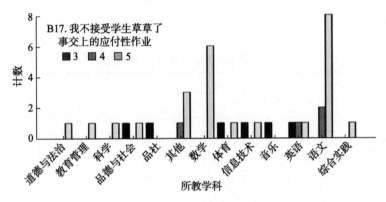

图 2-18 B17*学科

的教师对学业重视的程度有所不同。其中语文、数学教师对作业的完成程度要求相对其他学科较高，容不得学生草草了事作业的教师偏多。一年级和六年级的教师对作业达成程度有所放松，尤其是低年级、教龄短的教师在这方面相对比其他教师稍微要求低一些。

四、教师个体层面因素

影响教师自我效能感的教师个体层面的因素主要包含教师以学生为中心的课堂教学策略、人本主义的学生管理观、教师的工作认同、教师职业倦怠。以下分别阐述它们的含义及其测量题项。

（一）以学生为中心的课堂教学策略

教师在实践中所采用或践行的课堂教学策略能够反映出他们所持有的有关如何促进学生更好地学习的信念。传统上教师在课堂教学过程中多以传递信息或知识结构为主，其背后隐含着以教师或教学内容为中心的教学取向。从实质上来看，以学生为中心的课堂教学即是要求教师能够换位思考，从学生的角度出发看待问题，在课堂教学过程中充分考虑并结合学生的爱好、兴趣、对知识与信息的个性化需求以及自主学习能力等因素，以学生活动为主，因人制宜地激发学生的求知意识，调动学生的主观能动性，促使课堂教学成为在教师有效的组织与引导下、学生积极参与活动的良性互动过程。题目得分从"完全不符合"到"完全符合"；得分越高，教师越趋向于持有或注重在实践中采用以学生为中心的课堂教学策略。表 2-7 显示了以学生为中心的课堂教学 7 个指标所得到的教师感知均值为 4.255，介于 4.2～5 之间，处于感知品质很高的水平。

表 2-7　以学生为中心课堂教学水平的均值

指标	编码	均值
在教学过程中我注重拓宽学生的想法	B20	4.54
我邀请学生评估自己的作业以及确定自己的目标	B21	4.09
课堂上当我不讲课时，我优先考虑给学生时间进行合作	B22	4.31
我喜欢通过观察和谈话非正式地评估学生	B23	4.14
我常常根据学生的兴趣、需要来安排授课内容与方式	B24	4.29
我喜欢把学生分组或结对以便他们能够合作	B25	4.51
我喜欢邀请学生共同拟定班会或其他班级活动主题	B26	3.91
以学生为中心课堂教学水平的均值		4.255

从表 2-7 中可以看出，我邀请学生评估自己的作业以及确定自己的目标（B21）、我喜欢通过观察和谈话非正式地评估学生（B23）、我喜欢邀请学生共同拟定班会或其他班级活动主题（B26）均值相对较低。

从图 2-19 中可以看出"我邀请学生评估自己的作业以及确定自己的目标"（B21）中选择"完全不符合"的教师群体集中在 15 年以上教龄的教师，处在部分或基本符合的教师群体主要集中在 3 年以下教龄的教师中。

从图 2-20 中可以看出选择"完全不符合"的教师群体集中在一年级教师，从这一选项与教龄的交叉分析中可以看出，一年级教师中教龄较高的教师相对于其他教师邀请学生评估自己的作业以及确定自己的目标的倾向要低。

从图 2-21 中可以看出，3 年以下教龄的教师更喜欢通过观察和谈话非正式地评估学生（B23），约占 66.7%。15 年以上教龄的教师约有 4.76% 的教师不喜欢通过观察和谈话非正式地评估学生。

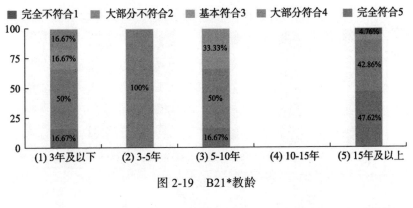

图 2-19　B21*教龄

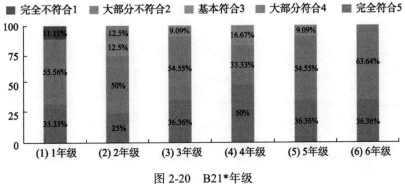

图 2-20　B21*年级

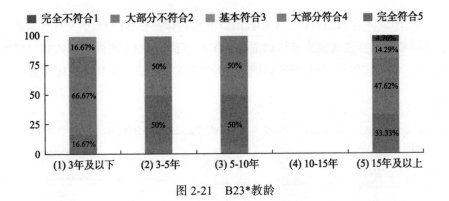

图 2-21　B23*教龄

从图 2-22 中可以看出,不喜欢通过观察和谈话非正式评估学生的教师主要集中在一年级,二年级的教师喜欢通过观察和谈话非正式评估学生的教师比例最高,达到了 87.5%。

从图 2-23 中可以看出,硕士学历的教师喜欢通过观察和谈话非正式评估学生,大专学历的教师约有 33.33%不喜欢通过观察和谈话非正式地评估学生。

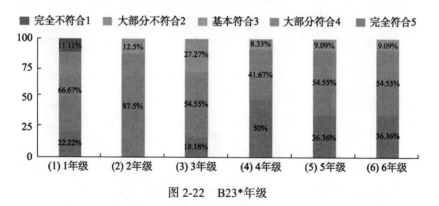

图 2-22　B23*年级

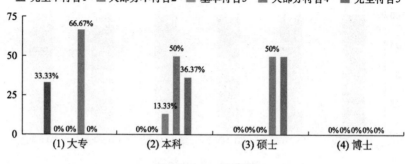

图 2-23　B23*学历

从图 2-24 中可以看出，3 年教龄以下的教师约有 33.33%不太喜欢邀请学生共同拟定班会或其他班级活动主题（B26），约有 33.33%的教师选择"基本符合"，相对其他教龄的教师喜欢邀请学生共同拟定班会或其他班级主题的比例低。

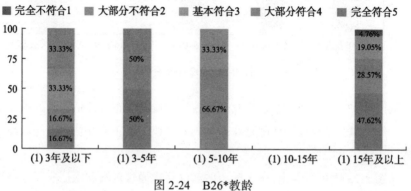

图 2-24　B26*教龄

从图 2-25 中可以看出，一年级中约有 11.11% 的教师不喜欢邀请学生共同拟定班会或其他班级活动主题，相对占比较高，二年级、三年级中亦有部分教师不太喜欢邀请学生共同拟定班会或其他班级主题，年级越高，喜欢邀请学生共同拟定班会或其他班级活动主题的教师比例越高。

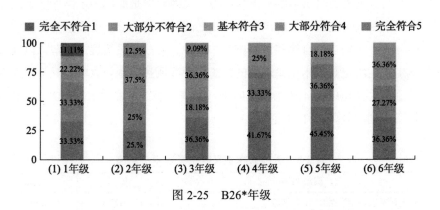

图 2-25　B26*年级

从图 2-26 中可以看出，学历在硕士的教师更喜欢邀请学生共同拟定班会或其他班级活动主题，有 33.33% 的大专学历教师不喜欢这样做。

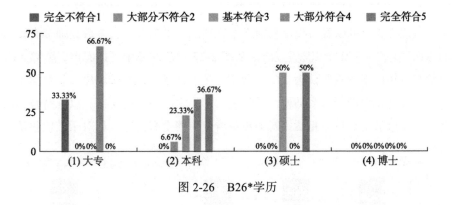

图 2-26　B26*学历

调查结果表明，我校教师趋向于持有或注重在实践中采用以学生为中心课堂教学策略，感知均值在 4.255，达到了非常高的水平，不同的学科、教龄和年级的教师以学生为中心的课堂教学策略的程度有所不同。其中低年级、教龄高、学历在大专的教师以学生为中心的课堂教学策略相对其他年级、教龄和学历的教师要低。

（二）人本主义的学生管理观

学生管理观指教师对待学生的态度或看法，它是教师在教育教学实践中开展学生管理工作的指导方针。人本主义取向的教师从心理学及社会学的观点来看学生行为，更关心引发学生不正当行为的原因而不是那些用于确保学生遵守纪律的规章制度；他们认为应该维持师生之间的良好关系，视教室为培养学生能力的场所，鼓励学生自律和自我调节。乐观、开放、灵活性、理解，以及增加的学生自主决定是人本主义趋向的标志。如前所述，本问卷中，对教师人本管理的测量主要是以上 4 个指标反向进行考察，表 2-8 显示了教师人本管理 4 个指标所得到的教师感知均值为 2.37。

表 2-8　教师人本主义学生管理水平均值

测量题项	编码	均值
学生通常会故意捣乱，让老师难堪	B27	2.06
对学生太友善，常会使他们变得太随便	B28	2.17
教师与学生之间应保持距离，以维持教师威严	B29	3.17
如果学生在校说粗话，就会被我看成道德上有问题	B30	2.09
人本主义学生管理观均值		2.37

从表 2-8 中可以看出我校教师人本管理的水平较高，大多数教师都有较高的意识，在教学工作中以学生为本。从图 2-27～图 2-30 中可以看出，有 33.33% 教龄在三年以下的教师认为"学生通常会故意捣乱，让老师难堪"，"对学生太友善，常会使他们变得太随便"，"教师与学生之间应保持距离，以维持教师威严"，"如果学生在校说粗话，就会被我看成道德上有问题"相对于其他教龄的

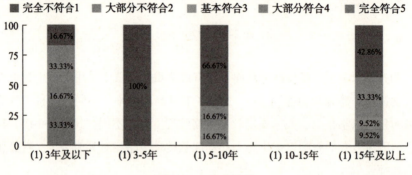

图 2-27　B27*教龄

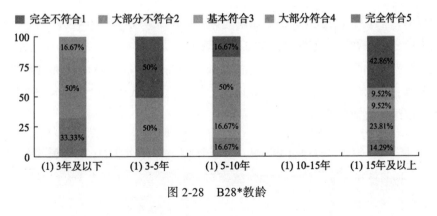

图 2-28　B28*教龄

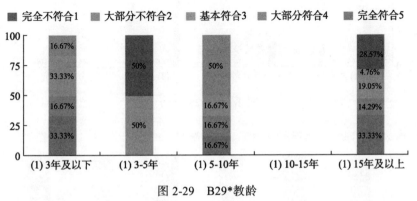

图 2-29　B29*教龄

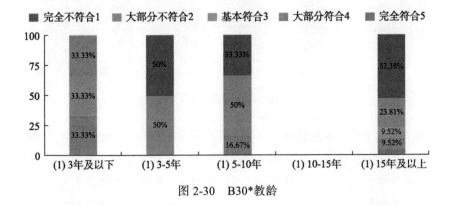

图 2-30　B30*教龄

教师比例要高。但是在"教师与学生之间应保持距离，以维持教师威严"这个指标上，教龄在 15 年及以上的教师也有 33.33% 的比例认为应该如此。

　　从图 2-31、图 2-32 中可以看出，本科学历的教师中"认为教师与学生之间应保持距离，以维持教师威严"（B29）呈多样化的局面，硕士和大专学历的教师中，呈现两极分化的局面，如硕士学历的教师呈现明显的两极，各占一半。从年级分布来看，一年级约有 33.33%的教师不认为其与学生之间应保持距离，以维持教师威严，二年级有 37.5%的教师比例选择此项，相对于其他年级的比例要高；一年级和三年级亦有 40%以上的教师完全认为与学生之间应保持距离，以维持教师威严。

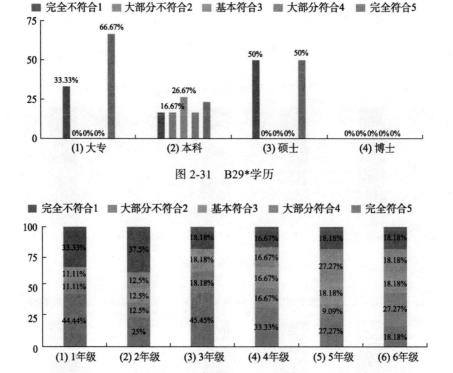

图 2-31　B29*学历

图 2-32　B29*年级

调查结果表明，我校教师趋向于持有或注重在实践中采用以学生为本的管理策略，感知均值在 2.37，达到了很高的水平，不同的学科、教龄和年级的教师以学生为本的管理水平有所不同。在一年级至三年级中教师以人为本的管理态度分布有两极化倾向，尤其是一、二年级。四年级至六年级持有以学生为本管理理念的教师分布比较均匀。

（三）教师的工作认同

教师的工作认同主要是教师对教师工作本身的积极主动态度和热爱程度。

对大多数教师而言，教师工作占据了其大部分时间，是其最根本、最重要的生活构成内容。有研究者认为，教师对工作的认同是一种内在激励，极大地影响教师在情感与行为上是愉快地从事教育教学还是消极或疏远自己的工作。本研究中教师的工作认同的测量主要参考了已有的信度与效度良好的教师工作满意度、教师职业认同以及教师工作投入量表中的相应调查题项，形成了表 2-9 所示 6 个测量题项。各题项得分从"完全不符合"到"完全符合"；累计计分，得分越高，表示教师对教师工作本身的认可程度越高。

表 2-9　教师的工作认同水平均值

测量题项	编码	均值
教师工作是一项光荣神圣的职业	B31	4.71
从事教师工作对我而言是一种享受	B32	3.97
我很适合做教师	B33	3.89
教师工作是我的兴趣所在	B34	3.91
在社交场合，我很愿意和别人谈论自己的教师工作	B35	3.66
如果有机会的话我会转行	B36	2.29
教师工作认同均值		3.73

图 2-33 为教龄与 B31 的交叉分析图，教龄越短，越多教师认为"教师工作是一项光荣神圣的职业"，教龄超过 15 年的部分教师对此感知程度有所下降。

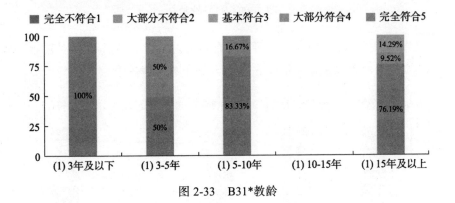

图 2-33　B31*教龄

从图 2-34 中可以看出教龄在 3 年以下及 15 年以上的教师群体中有约 10%以上的教师在"从事教师工作对我而言是一种享受"这个指标上的感知程度较低。

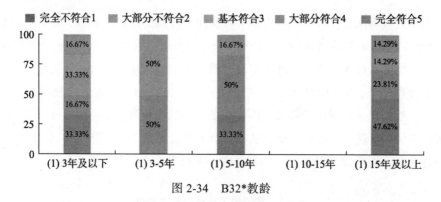

图 2-34 B32*教龄

从图 2-35 中可以看出约有 4.76%教龄在 15 年以上的教师不认为自己适合当教师,在 3 年以下教龄的教师中也有 16.67%比例人群认为自己不太适合做教师。

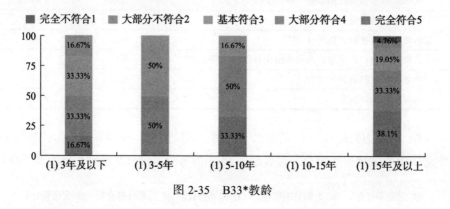

图 2-35 B33*教龄

从图 2-36 中可以看出在"教师工作是我的兴趣所在"指标上,对教师工作兴趣不高的教师主要是在 3 年以下及 15 年以上教师群体中。

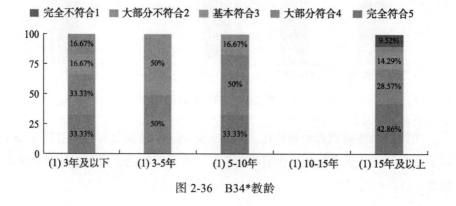

图 2-36 B34*教龄

从图 2-37 中可以看出在社交场合，有 9.52%教龄在 15 年以上的教师不愿意和别人谈论自己的教师工作；3 年以下教龄的教师在社交场合更愿意和别人谈论自己的教师工作。

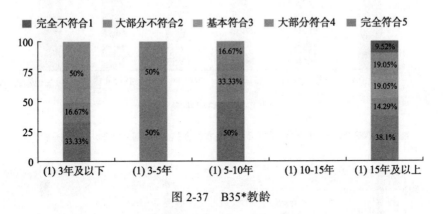

图 2-37　B35*教龄

从图 2-38 中可以看出 3 年以下教龄的教师转行的愿望相对于其他教龄的教师要低，教龄在 3～5 年的教师转行的倾向较高，约占 50%。

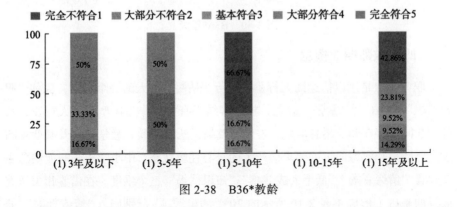

图 2-38　B36*教龄

从图 2-39、图 2-40 中可以看出"如果有机会的话我会转行"在一年级中的比例较高，达到了 22.22%，三年级、六年级中也各有 12.5%、9.09%的教师有此倾向。有转行倾向的教师主要集中在学历为本科的教师群体中。

调查结果表明，我校教师工作认同水平一般。对教师工作兴趣不高的教师主要是在 3 年以下及 15 年以上教师群体中。教龄 3～5 年的转行比例较高，一年级任课教师中转行的比例也较高，有意向转行的教师本科学历群体的比例比其他学历的比例相对要高一些。

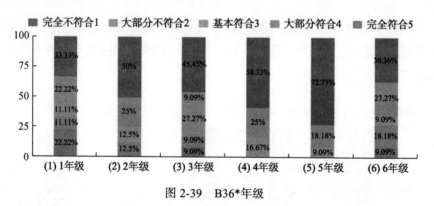

图 2-39 B36*年级

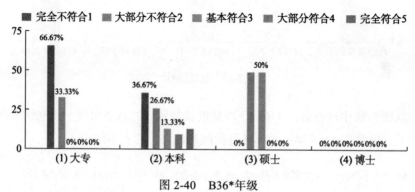

图 2-40 B36*年级

（四）教师职业倦怠

职业倦怠是用以描述助人行业中经历"枯竭"的人的一个术语，也称"职业枯竭"，与压力、紧张、疲惫、挫败等结果有关。作为典型的助人行业，教师职业同样存在职业倦怠问题，表现为教师无法应对教育教学工作及其变革超过个体能量和资源的过度要求而产生的身心耗竭状态。中小学教师职业倦怠主要包含"情绪衰竭""低个人成就感""知识枯竭"三个维度。在借鉴相关研究成果的基础上形成了表 2-10 所示的 20 个测量题项，分别归入"情绪衰竭""低个人成就感""知识枯竭"三个维度。其中"情绪衰竭""知识枯竭"两个维度得分越高，表明倦怠程度越高，"低个人成就感"得分越高，表明倦怠程度越低。

从表 2-11 中可以看出我校教师在"情绪衰竭"维度上，教师个体的压力感知品质处在一般的水平上；在"低个人成就感"维度上，表现为教师对自己的工作的意义和价值的评价下降程度处于一般的水平，自我效能感一般；在"知识枯竭"这个维度上，因是反向问答，从均值得分 2.746 来说，教师表现出能

表 2-10　教师职业倦怠水平均值

测量维度	测量题项	编码	均值
情绪衰竭	我有一种被工作耗尽了情绪情感的感觉	B37	3.11
	到下班时，我感觉已经精疲力竭，再也不想做任何事情	B38	3.63
	做这种整天对着人的工作，让我感到压力很大	B39	3.17
	我觉得自己像被掏空了一样，只是在机械工作	B40	2.14
	从事这份工作以后，我变得比以前烦躁易怒了	B41	2.83
	工作上的事情常常会令我失眠、头痛	B45	3.20
低个人成就感	我通过工作给了他人积极影响	B42	4.23
	我的个人价值在教师工作中得到了体现	B43	4.2
	我能很轻易知道学生们的想法	B44	4.11
	我花的时间和精力越来越多，完成的事情却比原来少	B46	2.8
	我在这份工作上已经做出了不少有价值的事情	B56	3.8
知识枯竭	面对学生，我常常觉得自己的知识不够用	B47	2.86
	学生们的问题五花八门，我感觉应付不了	B48	2.17
	社会发展太快了，我感到越来越赶不上知识的更新速度	B49	2.91
	我很难适应教育改革后对教师提出的新要求	B50	2.20
	新鲜事物层出不穷，使我经常担心不能回答学生的课外知识问题	B51	2.46
	在学习新知识和新教法过程中，我感觉力不从心、困难重重	B52	2.34
	近来我在看书或备课时，注意力总是容易分散	B53	3.06
	我觉得近来记忆力有下降的趋势	B54	4.09
	跟新教学手段比起来，我更愿意沿袭旧方法，因为我对那些更有把握	B55	2.63

表 2-11　教师职业倦怠三维度均值

测量维度	均值
情绪衰竭	3.01
低个人成就感	3.628
知识枯竭	2.746
教师职业倦怠	3.128

很好地适应知识的迅速更新以及多学科内容的交叉融合要求，知识上的枯竭知觉度不高。

从图 2-41 中可以看出教龄在 3～5 年的教师在"到下班时，我感觉已经精疲力竭，再也不想做任何事情"这个测量项上感知水平最高，100%的教师都有这种感觉，15 年以上的教师约有 66%的有此感受。教龄在 5～10 年的群体，大多数没有这种强烈的感受。从前面对教龄和年级进行交叉分析中可以发现，教龄在 3～5 年的教师主要是分布在一年级和六年级，教龄在 5～10 年的教师大多分布在四年级和五年级。

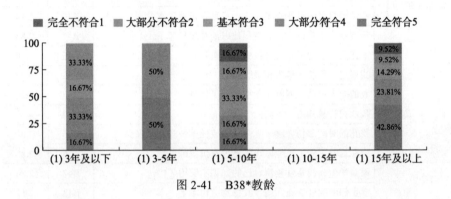

图 2-41　B38*教龄

从图 2-42 中也可以看出在四、五年级的教师相对"到下班时，我感觉已经精疲力竭，再也不想做任何事情"的感知没有那么强烈，而一年级、三年级和六年级的教师感知会更明显。

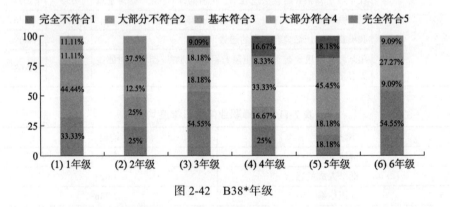

图 2-42　B38*年级

从教师的学历来看，拥有硕士学位的教师几乎全部都感觉"到下班时，我感觉已经精疲力竭，再也不想做任何事情"，在这个指标上的反应比较明显，专科学历的教师群体中对"到下班时，我感觉已经精疲力竭，再也不想做任何事情"这个测试项感知程度不高（图 2-43）。

在"低个人成就感"维度中，我们选择"我的个人价值在教师工作中得到了体现"这个测试项进行具体分析，从图 2-44、图 2-45 中可以看出不同年级、不同学历背景的感知度都很高，大多数教师认为个人的价值在教师中得到了体现。

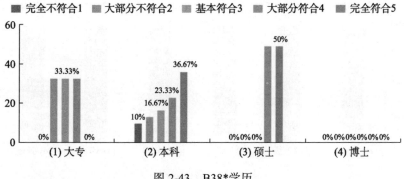

图 2-43　B38*学历

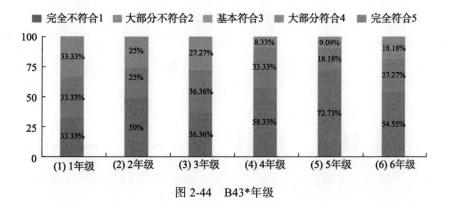

图 2-44　B43*年级

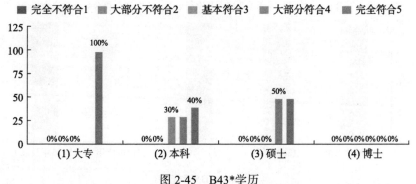

图 2-45　B43*学历

从"我在这份工作上已经做出了不少有价值的事情"（B56）这个测试项上来看，该项在此测试维度"低个人成就"维度的感知均值最低，为 3.8。从

图 2-46、图 2-47、图 2-48 中可以看出，认为自己在这份工作上没做出太多有价值事情的群体主要集中在一年级、学历为大专及教龄在 15 年以上的教师中。

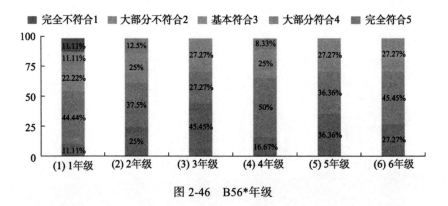

图 2-46　B56*年级

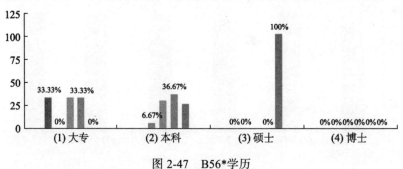

图 2-47　B56*学历

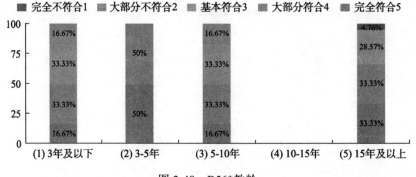

图 2-48　B56*教龄

在知识枯竭的维度中，可以发现"我觉得近来记忆力有下降的趋势"（B54）这个测试项相对于其他的测试项感知较高。从图 2-49、图 2-50、图 2-51 中可以看出，教龄在 15 年及以上的教师在这个指标上感知更强烈，大专学历的教师全部都认为自己的"记忆力有下降的趋势"，每个年级教师感觉记忆力有下降趋势的群体都占到了 60%以上，尤其是以一年级的教师最多。

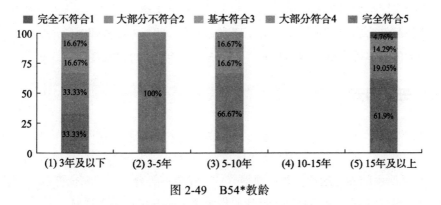

图 2-49　B54*教龄

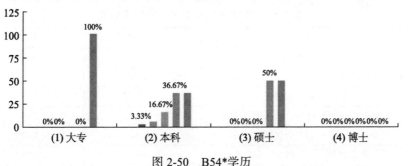

图 2-50　B54*学历

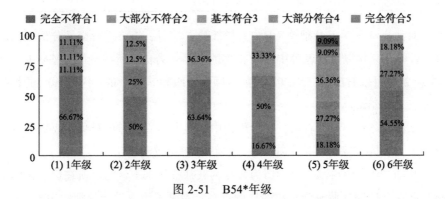

图 2-51　B54*年级

调查结果表明，我校教师职业倦怠认同水平一般。从教师的学历来看，拥有硕士学位的教师几乎全部都感觉"到下班时，我感觉已经精疲力竭，再也不想做任何事情"，在这个指标上的反应比较明显。认为自己在这份工作上没做出太多有价值事情的群体主要集中在一年级、学历为大专及教龄在 15 年以上的教师中。在知识枯竭的维度中，可以发现教龄在 15 年及以上的教师在"我觉得近来记忆力有下降的趋势"（B54）这个指标上感知更强烈，大专学历的教师全部都认为自己的"记忆力有下降的趋势"，每个年级教师感觉记忆力有下降趋势的群体都占到了 60% 以上，尤其是以一年级的教师最多。

五、班级因素

教师对班级学生的学习基础、学习能力与学习态度及其学生家长配合的知觉影响教师自我效能感，将该变量统称为班级学生及其家长品质，具体如表 2-12 所示的测量题项，各题项得分从"完全不符合"到"完全符合"；累计积分，得分越高，表示教师知觉到的班级学生及其家长品质越好。

表 2-12　班级学生及家长品质水平均值

测量题项	编码	均值
我班学生学习基础差	B57	2.71
我班学生缺乏学习能力	B58	2.66
我班学生的家长对子女缺乏关心	B59	2.63
我班的学生勤奋好学、积极要求上进	B60	3.43
我班学生的家长能配合教师的工作	B61	3.77
学生家长对孩子缺乏信心	B62	2.37
班级学生及家长品质均值		2.92

对我班学生学习基础差（B57）与教龄、学历、年级进行交叉分析可以发现，教龄在三年以下的教师中有约 82% 的教师认为自己所在班学习基础差。从图 2-52 中可以看出，三年以下教龄教师的年级和学科分布，约有 80% 的教师都在一、二年级。

从图 2-53 中可以看出，认为班级中学生学习底子差的学科主要集中在数学、语文、体育等学科，尤其是数学学科相对比较突出。

从图 2-54 中可以看出学历为大专的教师整体都不认为其所在班学生的学习基础差，反倒是硕士学历中的比例较高，占到了硕士学历教师的 50%。

从图 2-55 可以看出一年级、二年级、三年级和六年级均有一部分教师认为自己所在班的学生学习底子差，尤其是一、二年级更加突出。

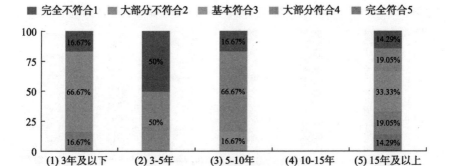

图 2-52　B57*教龄

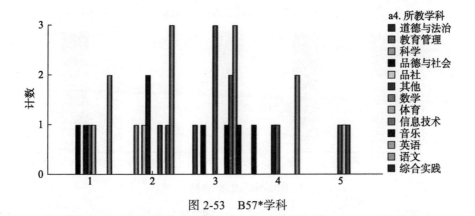

图 2-53　B57*学科

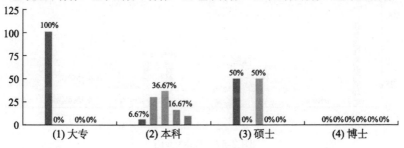

图 2-54　B57*学历

对指标"我班学生缺乏学习能力"（B58）与教龄、学历与年级进行交叉分析可以发现，见图 2-56、图 2-57，教龄在 3 年以下和 15 年及以上的教师，认为该班学生缺乏学习能力的相较于其他教龄的要高。专科学历的教师对自己班学生学习能力认可度最高，100%的教师都不认为自己班学生缺乏学习能力，硕

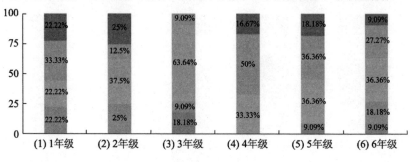

图 2-55　B57*年级

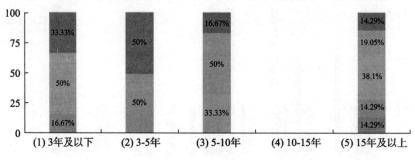

图 2-56　B58*教龄

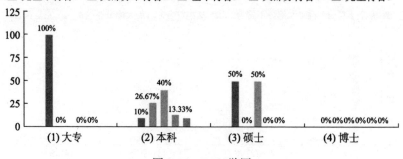

图 2-57　B58*学历

士学历的教师则约有 50%认为自己班学生缺乏学习能力。

　　从图 2-58 中可以看出三年级的教师对自己班学生的学习能力感知度较低，有 18.18%的教师认为该班的学生缺乏学习能力。

　　从图 2-59 中可以看出语文、数学、体育和信息技术的教师更多地认为自己所在班学生缺乏学习能力。

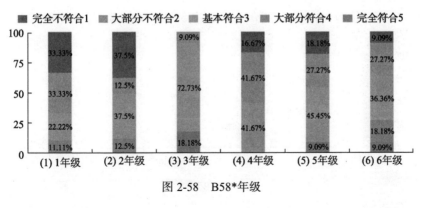

图 2-58　B58*年级

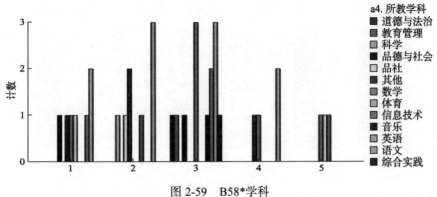

图 2-59　B58*学科

对"我班学生的家长对子女缺乏关心"（B59）与学龄、学历与年级进行交叉分析发现，见图 2-60、图 2-61、图 2-62，教龄在 3 年以下的教师中认为该班学生对子女缺乏关心的比例较高，达到了约 50%。学历在硕士的教师中认为该班学生家长对子女缺乏关心的比例最高，也是达到了 50%。三年级和六年级教师中认为该班家长对子女缺乏关心的比例较高，均达到了 27.27%。

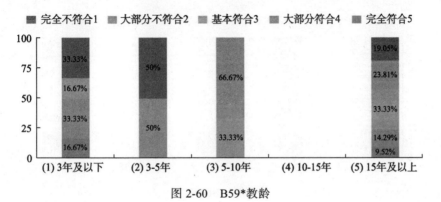

图 2-60　B59*教龄

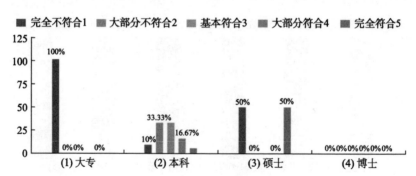

图 2-61　B59*学历

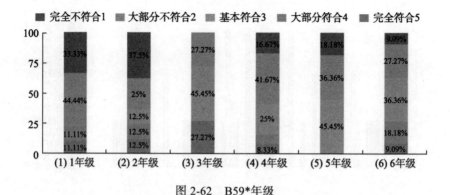

图 2-62　B59*年级

对"我班的学生勤奋好学、积极要求上进"（B60）这个指标与教龄、学历与年级进行交叉分析可以发现（见图 2-63、图 2-64，图 2-65），教龄在 3～5 年的教师中认为该班学生大部分不是勤奋好学、积极要求上进的比例占到了50%，这批教师的学历主要是本科，占本科学历教师的 16.67%，每个年级中都有一部分教师认为该班学生不太勤奋好学、积极上进。

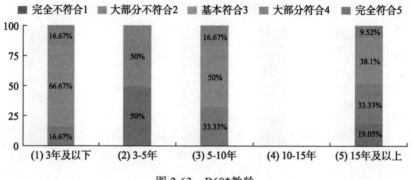

图 2-63　B60*教龄

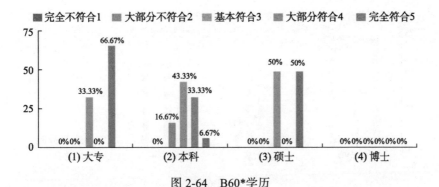

图 2-64　B60*学历

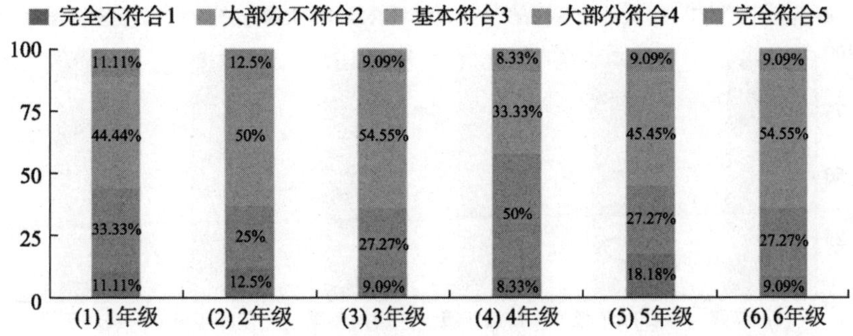

图 2-65　B60*年级

对"我班学生的家长能配合教师的工作"（B61）这个测试项与教龄、学历与年级进行交叉分析发现，教龄在 3～5 年的教师中有 50%认为该班的家长不太能配合教师的工作，但也有 50%的认为可以，这批教师学历主要是本科生，大约占了学历为本科教师的 3.33%，主要是一年级的教师，占一年级教师的 13.33%（图 2-66～图 2-68）。

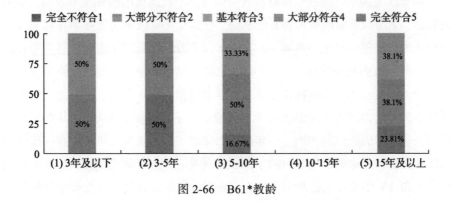

图 2-66　B61*教龄

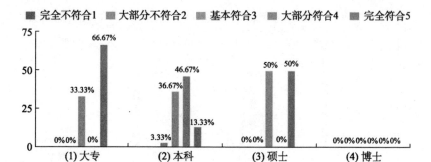

图 2-67　B61*学历

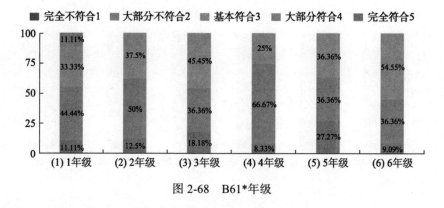

图 2-68　B61*年级

对"学生家长对孩子缺乏信心"（B62）与教龄、学历与年级进行交叉分析，可以发现，3 年以下教龄的教师中有 16.67%的人认为学生家长对孩子缺乏信心，与其他教龄的教师相比，3 年以下教龄教师在其群体内出现这种倾向的比例最高。有 50%的硕士学历教师认为学生家长缺乏信心。三年级教师中约有 27%的人认为学生家长对孩子缺乏信心。

调查结果表明，我校教师对班级学生及其家长品质的感知水平较高。但不同教龄、学历和年级的教师会有所不同，教龄在 3 年以下的教师中有约 82%的教师认为自己所在班学习基础差。从 3 年以下教龄教师的年级和学科分布可以看出约有 80%的教师都在一、二年级，班级中学生学习底子差的学科主要集中在数学、语文、体育等学科，尤其是数学学科相对比较突出。学历为大专的教师整体都不认为其所在班学生的学习基础差，反倒是硕士学历中的比例较高，占到了硕士学历教师的 50%。一年级、二年级、三年级和六年级均有一部分教师认为自己所在班的学生学习底子差，尤其是一、二年级更加突出。教龄在 3 年以下和 15 年及以上的教师，认为该班学生缺乏学习能力的相较于其他教龄的要高。专科学历的教师对自己班学生学习能力认可度最高，100%的教师都不认为自己班学生缺乏学习能力，硕士学历的教师则约有50%认为自己班学生缺乏学习能力。三年级的教师对自己班学生的学习能力感知度较低，有18.18%的教师认为该班的学生缺乏学习能力。语文、数学、体育和信息技术的教师更多地认为自己所在班学生缺乏学习能力。

教龄在3年以下的教师中认为该班学生对子女缺乏关心的比例较高，达到了约50%。学历在硕士的教师中认为该班学生家长对子女缺乏关心的比例最高，也是达到了50%。三年级和六年级教师中认为该班家长对子女缺乏关心的比例较高，均达到了27.27%。教龄在3～5年的教师中认为该班学生大部分不是勤奋好学、积极要求上进的比例占到了50%，这批教师的学历主要是本科，占了本科学历教师的16.67%。教龄在3～5年的教师中有50%认为该班的家长不太能配合教师的工作，但也有50%的认为可以，这批教师学历主要是本科生，大约占了学历为本科教师的3.33%，主要是一年级的教师，占一年级教师的13.33%。3年以下教龄的教师中有16.67%的人认为学生家长对孩子缺乏信心，与其他教龄的教师相比，3年以下教龄教师在其群体内出现这种倾向的比例最高。有50%的硕士学历教师认为学生家长缺乏信心。三年级教师中约有27%的人认为学生家长对孩子缺乏信心。

六、学校组织因素

学校组织氛围是最主要的影响教师自我效能感的学校组织因素，学校组织氛围是指一所学校区别于其他学校的、能被组织成员感知到并能对组织成员产生影响的、相对稳定的学校环境特征，学校组织氛围是校长行为与教师行为交互影响形成的一种比较持久的学校环境特质，它可以影响学校成员的行为并且可以通过学校成员的知觉加以描述。将学校组织氛围分成三个层面：校长支持行为、教师合作行为、教师亲密行为。具体指标及各维度均值见表2-13和表2-14。

从表2-13和表2-14中可以看出，对我校组织氛围的测量分析发现，教师对我校组织氛围的感知水平处在非常高的程度上。校长支持行为、教师合作行为的均值都超过了4.25，处于非常高水平，教师亲密行为这个维度（4.242）也处于较高程度水平。校长支持行为代表校长对教师表达真正关怀与支持的程度。教师合作行为指教师与教师之间互相支持和专业互动行为，表现为教师以

表 2-13 学校组织氛围各维度均值

测量维度	测量题项	编码	均值
校长支持行为	我校校长会给教师充分表达意见的机会	B63	4.37
	我校校长会设法帮助教师解决问题	B64	4.43
	校长给教师提出建设性的批评与建议	B71	4.23
教师合作行为	我校教师尊重彼此的专业能力	B67	4.29
	我校教师在工作时表现高度的合作精神	B69	4.43
	我校教师参与学术研讨或进行教学研究	B70	4.26
	我校教师普遍积极进取	B75	4.40
	我校教师以学校为荣	B76	4.51
教师亲密行为	我校教师最信赖的朋友是本校的同事	B65	4.06
	我校教师对彼此的家庭状况互相了解	B68	3.63
	我校教师能很快接纳新进教师	B72	4.66
	教师在校时间相处愉快	B74	4.6
	我校教师乐于承担学校各种工作	B73	4.26

表 2-14 学校组织氛围感知水平均值

测量维度	均值
校长支持行为	4.343
教师合作行为	4.378
教师亲密行为	4.242
学校组织氛围	4.321

学校为荣，喜欢与同事一起工作，并且尊重、接纳同事的专业能力。教师亲密行为指教师不论在校内或校外都能建立起密切的情谊，彼此了解及信任、相互融洽，并能互相给予支持和协助。在教师亲密行为这个维度上，有个别测量指标偏低，下面我们对"我校教师最信赖的朋友是本校的同事"（B65）与"我校教师对彼此的家庭状况互相了解"（B68）这两个指标进行分析。

对"我校教师最信赖的朋友是本校的同事"（B65）与教师的教龄、学历与年级进行交叉分析可以发现每个教龄阶段的教师都有很大一部分人认为最信赖的朋友是本校的教师，15 年以上教龄教师中有 47.62%的人认为基本符合。大专和本科学历的教师中有一部分持中立态度。有 45.45%的五年级、54.55%的六年级的教师在这个问题上持中立态度，见图 2-69、图 2-70 和图 2-71。

对"我校教师对彼此的家庭状况互相了解"（B68）与教师的教龄、学历与年级进行交叉分析可以发现约有 19.05%的 15 年教龄以上的教师觉得对同事彼

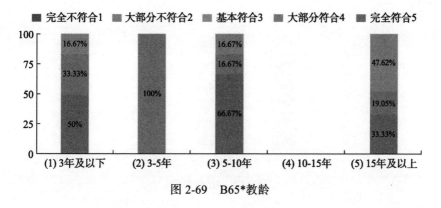

图 2-69　B65*教龄

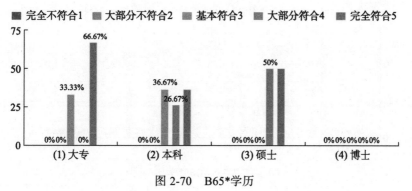

图 2-70　B65*学历

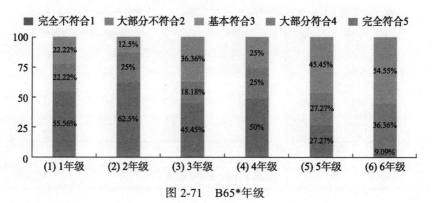

图 2-71　B65*年级

此的家庭状况互相了解，33.33%教龄 3 年以下的教师持中立态度，而 3～5 年
教龄的教师有 50%持中立态度。认为自己对同事彼此家庭状况不太了解的教师
学历主要是本科，约占本科学历教师的 13.33%，一年级、二年级的教师中约有
10%以上的教师不认为自己对同事彼此的家庭状况互相了解，相对于其他年级
的比例要高，见图 2-72、图 2-73、图 2-74。

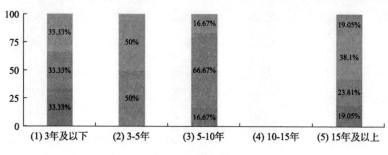

图 2-72　B65*教龄

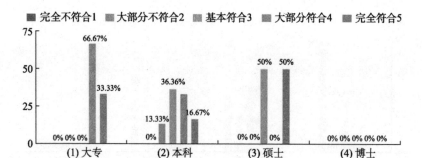

图 2-73　B65*学历

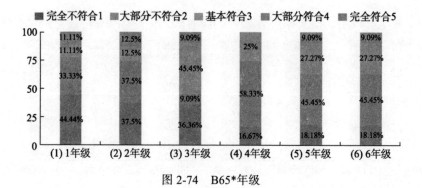

图 2-74　B65*年级

第三节　从专业成长出发，提升教师自我效能感

教师发展是在外在专业标准要求与教师内在自我发展需要的融合中实现

的，教师的自我统整发展需要是实现教师发展的内源性动力。高水平的教师自我效能感必然会促使教师个体更好地投入教育教学工作当中，同时也有助于连带影响周围的教师特别是那些自身效能感不高的教师以及学生形成较高的自我效能感，最终使得整个学校笼罩在乐观的工作与学习氛围之中。从教师个体、班级、学校组织三个层面来对教师自我效能感进行评估发现，当前我校的教师自我效能感水平总体较高，但也发现在某些指标上教师自我效能感不足，需要从以下几点做进一步提升。

一、改善课堂管理现状，提升管理能力

课堂管理是课堂教学过程的保障，不仅关系到课堂教学质量的提高，而且直接影响着学生的身心发展状况。我校教师课堂管理效能感、学生参与效能感相对较低，仍有进一步提升的空间。课堂管理是整个课堂教学的重中之重，它不仅对于课堂教学质量会造成影响，而且对学生的良好习惯养成也起着制约作用。教师在课堂管理中的行为方式以及策略是课堂能否充满活力的决定性因素，也是影响学生发展的最直接、最重要的因素之一。从对我校教师自我效能感数据分析中可以发现在低年级及教龄较短的教师群体中，尤其是英语教师课堂管理现状较弱，今后需对教师进行课堂管理、学生参与专项的培训和指导，通过提升教师课堂管理能力，改善课堂管理现状。

二、加强对家庭教育的指导，提升家校沟通的技能

就教师对学生和家长的信任之整体情形而言，我校教师对学生和家长信任程度很高，对班级学生及其家长品质的感知水平较高。但不同教龄、学历和年级的教师会有所不同，在个别指标上表现得有些偏低，教师对家长养育孩子的方式上，相对信任感知处于较低的水平，尤其是语文、英语、数学教师中。家庭是儿童第一个成长和社会化的地方，是最先接触的场所，父母在家庭生活中对孩子的教养方式对孩子的成长非常重要。家庭教育需要学校教育的指导和帮助，学校教育需要家庭教育的支持与配合，两者缺一不可。如何将学校教育与家庭教育有机合作，同时又能发挥各自优势力量，是我校教师专业发展所要关注的问题。

三、提高教师自身素质，增强职业认同感

随着时代的发展，社会对教师的要求也日益增加。繁重的教学压力、工作任务、家庭负担使得教师不免产生时间紧迫、无法合理安排时间的想法，教师的职业认同感也因烦琐的工作、时间的紧迫而渐渐消磨，难以持久保持饱满的工作热情，极易产生疲惫之感。如何能提高教师的职业认同感，使其具有高效的时间管理能力，缓解教师的职业倦怠，提高中小学教师自身的素质，不断提升中小学教师的角色认同，是我们今后所要面对的长期问题。

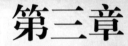

第三章
教学变革与学科教研——
教师专业成长的主战场

第一节　高效课堂，提高教师教学能力

当前，课堂教学存在突出问题是：教师苦教，学生苦学，家长苦陪，学生由苦学到厌学，由厌学到辍学。分数成了学校、家长、教师追求的唯一目标，严重背离教育宗旨，学生得不到应有的、全面的、个性化发展，造成了众多厌学生和大量辍学生。因此，我们要彻底改变时间＋汗水、日光+灯光的陈旧教学观念，彻底摒弃"满堂灌"、机械记忆、"题海战术"等形式来提高教学成绩的做法。原来的做法，既压制、扼杀了学生的主动性和合作探究的权利，又禁锢、窒息了学生的创造力和想象力，严重违反了教学规律和学生的认知规律。成功经验已证明，高效课堂能提高学生自主学习能力、语言表达能力、交际能力、创造能力、解决问题的能力；同时能够增强学生的自信心，有益于学生形成正确的人生观和价值观。因此我们引导全体教师要消除顾虑，坚定信心，大力开展课堂教学改革，实现高效课堂。

一、构建高效课堂的基本模块

课堂是教育教学的最前线、主阵地，抓住了课堂，就抓住了教育成败的关键。近年来，学校在积极推进素质教育、大力开展课堂教学改革中，取得了一点成绩，为了更好地适应教育改革发展的新形势，全面提高教育教学质量，办好人民满意的教育，在学习借鉴外地先进经验的基础上，结合学校实际，我们制定了深化课堂教学改革、构建高效课堂模式的方案。

基本模块大致包括自学、展示、反馈三大模块。自学就是教师出示教学目标，指出教学重、难点等，学生通过独学、对学、群学等形式，基本掌握所学内容。展示包括大展示、小展示，小展示就是以小组为单位在组长的带领下，对所学内容在组内进行交流和讨论，使之内化，并暴露出问题；大展示就是针对各组暴露的问题、有争议的地方，在全班进行展示和交流，以做到突破难点。展示还包括教师的行为，教师要把重点、难点、易错点、易混点、易漏点一一指出，引起学生注意，内化为能力。反馈就是学生对本课的知识进行检测、整理。通过学生自评、互评、教师点评等方式，及时反馈学生对所学内容的掌握情况，矫正错误，总结方法，揭示规律。三个模块体现五种行为：学、讲、查、练、评。学就是学生个人自学、两人对学、小组合作学、集体学等行为。讲包括学生讲和演，以及教师的精讲。学生的讲就是讲自学知识和过程，演就是通过唱歌、舞蹈、小品、快板、课本剧等艺术形式来将学到的知识进行内化和建构。教师的精讲就是讲重点、难点、易错点、易混点、易漏点，讲思路、策略、方法、规律、技巧，讲思考、情感、态度、体验、价值观等。练就是当堂训练和检测，检查学习效果，加深对所学内容的理解和感悟。评就是通过自评、互评、教师点评等方式及时反馈学生对所学内容的掌握情况。查就是教师在学生独学环节、小展示环节和整理学案环节进行检查，掌握学情，及时调整课堂进程。

二、高效课堂教学行为的管理

有效教学行为是能够促进学生学习与发展，并有利于教师自身专业成长的教学行为。影响有效教学的关键行为是备课、上课和评价。因此有效备课、有效施教和有效激励是课堂教学行为的重要内容。

（一）有效备课

主要采取集智备课、资源共享、彰显个性、教后反思的备课思路。集智备课主要流程为：教师个人备课（初备）——集智备课（集备）——个人二次备课（复备）——课后修订（补备）。

（1）个人"初备"：全组教师首先进行个人备课，形成"初案"。每次集智备课的内容就是下周的教学内容，一周的教学内容要求全组教师提前进行个人初步备课。教师立足"以学定教，因材施教，尊重差生"的原则，以"备学生"为前提和核心。

（2）备课组"集备"：完成导学案设计的主要框架，通过集智备课初步形成师生共用的导学案——"共案"。每周集智备课时间由备课组长首先检查本组教师个人备课情况，及时答复确认。集智备课时，教师轮流发言，可从以下几方面发言：①从教者和学者的角度进行教材分析，包括知识点、重难点、知识连接点、易错点、课程资源开发等。②说明教学过程设计意图。③说明问题设计及其意图。④提出备课时的困惑和问题。共案由主备人执笔整理交给每个人。

（3）个人"复备"：形成个性化导学案——"个案"。由集智备课形成的导学案对教师来讲是教学宏观蓝图的构建，不是教学过程细节内容的确立。因为班情不同，学情不同，教师自身教学个性不同，所以科任教师要在集体研讨的导学案的基础上进行个人二次备课。

（4）课后"补备"："补备"是一个课后反思与修订的过程，课后反思对导学案进行补充形成"补案"。这一环节对教师的专业发展和导学案的循环使用起到重要作用。教师要将导学案实施过程中的启发、瞬间的灵感、困惑等反思记下来，进一步对导学案进行修订，在下一次集智备课时将心得体验与困惑进行组内交流研讨。这些困惑、心得正是教师专业成长的一个个阶梯，也为导学案循环使用积累资源。

（二）集智备课管理

建立备课制度。①参加人员要自觉按照"四定"（定时间、定地点、定课题、定执笔人）的要求带好资料，参加集智备课。②集智备课采取"先周"备课形式。③备课组长首先要对"个备"形成的"初案"进行把关。④集备形成的"共案"要由分管领导签字后方可印制。⑤"初案""共案""个案"要进行公开展示，同时要定期进行整理、装订、存档，这是教师成长档案的重要组成部分。⑥建立评价机制，奖优罚劣。

（三）有效施教

按照高效课堂的三个模式（自学、展示、反馈）和五种行为（学、讲、查、练、评）和六个环节（示标、导学、合作、讲解、检测、评析）来进行上课。示标是教师出示教学目标，明确学习的重点、难点和方法。导学是教师指导学生进行自主学习，引导学生对所学知识进行建构。合作是通过小组合作交流学习所得，探究解决问题的思路和方法，共同解决问题，形成结论。讲解是教师针对学生不能解决的问题、理解不到位的地方、遗漏的知识点等，进行精心点拨、讲解、剖析，促使学生的学习、思想、情感体验等提升到一个更高的层次。检测是通过测试学生学习效果，让学生在检测中查找自身的不足和错误。评析是教师指导学生纠正认知偏差，梳理知识体系，总结方法和规律。

（四）有效评价

有效评价是促进，是激发，是期望，是内省，是完善。教师要对所有学生心存敬畏，抱有期望，为每一个学生提供成功的机会，让他们能够成功、体验成功，激发学生身上蕴藏的巨大潜能，发现学生的强势智慧，实现个性化发展。评价包括自我评价，师生、生生评价，达标测评，小组综合性评价，即时性评价，激励性评价等。总之要求教师根据本班学生特点，采取有效的，实用的，符合班情、学生特点的评价方式，进行多元性、动态性、即时性、激励性的评价办法。

白海东是负责教学管理的干部，他会经常走进各班进行听课指导。听课，真的是一件很有意思的事，因为每一节课都是新鲜的、动态的、充满生成性的资源。一天，他走进一（1）班的教室，听了一节语文课《小鹰学飞》。老师是一位具有二十余年教龄、很有经验的老教师，讲起课来也是很生动、很吸引学生的。但是有两个小男孩的表现，引起了他的注意。事后，他写了一篇文章《学生为什么不高兴呢？》，来谈对及时性评价的认识。

一个同学在几次举手没被叫到之后，就如同霜打的茄子一样，再也不举手了；另一个同学很奇怪，老师叫了他朗读课文，并且他读得还很不错，不知怎么回事，这会儿也耷拉着脸，不见笑容。

下课了，我特意把两个男孩叫过来分别进行询问。

我问第一个男孩："今天这节课，你高兴吗？"

"今天，我很不高兴！"小男孩非常干脆地说。

"为什么？"

"因为老师总是叫李×回答问题，我把手举得那么高，老师都看不见。"

"哦，原来是这样啊！你的答案跟李×一样吗？"

"一样啊！"小男孩自信地说。

"好啊！你真是一个爱学习、会思考的好孩子。其实，老师不是没有看见你，而是只能叫一名同学回答问题。只要你的想法是正确的，就好了。下节课继续认真思考，把手举高，老师一定会叫你回答问题的。"我摸了摸这个可爱的男孩子的头。

我接着问另一个小男孩："今天，你高兴吗？"

小男孩一脸委屈："今天，我很不高兴！"

我好笑地看着这个萌娃："为什么呢？"

"因为老师说话不算数。"

我有点发蒙：老师讲得很好啊，怎么回事呢？于是，我小声问他："孩子，老师怎么说话不算数了？"

"前两天，我读书，老师说我读得好，要给我一个习惯币，让我下课领。后来我找老师领，老师说忘了带了，说放学给我，但到现在都没给我。今天又说我读得好，还说下课给我一个习惯币。我看了，老师还是没带。老师骗人！"

看着小男孩要哭的样子，我马上意识到了问题的严重性，赶紧劝这个孩子："老师根本没忘，一会儿就会给你的。你先去洗手间，好吗？"

我找到授课教师，说了这个问题，请她立刻把习惯币发给孩子。老师一听，赶紧去办公室取习惯币。

我们都知道，课堂永远是动态的，在一些司空见惯的现象背后，其实蕴含着基本的教育规律。这两个孩子异口同声地"今天，我很不高兴"，折射出的主要问题正是教师评价意识的薄弱与方式的单一。

新课改提倡的教学理念是创造适合每一个孩子的教育。以生为本，是要了解每一个学生的需求，包括知识、能力和情感。评价是常见的教育手段，不仅具有指导、激励的常规作用，其实，我认为还具有抚慰学生情绪和平衡学生需求的功能。我们在评价中，要关注结果，更要关注过程；要关注评价的内容，还要有及时性评价的意识。而这两个小男孩的学习情绪状态，明显反映出教师忽视了及时性评价的作用与影响。

为了提高教师对于评价工作的认识，了解评价的重要意义，掌握评价的方式方法，学校组织了一次主题沙龙式的校本培训活动。

1. 诊断归因

老师相对薄弱的评价意识，相对单一的评价方式，会导致很多有价值的课堂教育资源的浪费和丧失，更为严重的是还会打击一批学生的自信心与上进心。而面对这一切，老师要么置若罔闻，要么不明所以。

他先给老师们讲了这两个男孩的故事，然后让大家共同分析他们为什么不高兴，他们的不高兴会有哪些不良的后果等。

老师们在讨论中，逐步意识到了很多时候，我们都没有关注学生的心理、情感的需求；有的时候，甚至厌烦那些总是嚷嚷着举手的孩子，嫌他们扰乱了课堂纪律。其实，他们并没有扰乱纪律，相反，正说明他们在认真听讲，积极思考，渴望得到老师的关注和表扬。此外，一张小贴画、一朵小红花、一个习惯币，对于孩子来说真的很重要，因为这是他们努力的结果，是他们肯定自我的证明，也是他们树立自信心的动力和源头。

孩子们如果积攒了更多的"不高兴"，将会逐步打击他们学习的积极性，削弱他们的学习兴趣，消除他们的自信心，更为严重的，将会影响他们未来的发展。

2. 及时"补课"

其实，老师忽视评价工作的一个重要原因，就是他们不清楚评价的功能，也没有意识到正确运用评价手段对于促进学生成长的积极意义。于是，他给大家就评价功能进行补课。

激励性评价能够反映学生学习的成就和进步，激发学生的学习兴趣与上进心；诊断性评价能够及时了解学生在学习中存在的困难，便于教师及时调整和改善教学过程；过程性评价帮助教师全面了解学生学习的历程，辅助学生认识到自己在学习中的长处和不足；形成性评价能够使学生形成正确的学习预期，形成积极的学习态度、情感和价值观，帮助学生认识自我，树立信心。

而这两个男孩子"不高兴"的故事，正是在警示我们教育者要重视及时性评价的意义。"及时"，顾名思义，就是不拖延、马上、立刻的意思；"及时性评价"，则是要对学生的行为表现立刻给予回应或答复，利于激发学生学习兴趣，为进一步的学习和养成良好学习习惯奠定坚实的基础。

如果教师注意到了第一个小男孩的表现，及时发现他的情绪变化，了解到他的心理需求，然后予以激励性评价，相信这个孩子一定会继续认真学习，积极思考和回答问题。

如果教师及时发给第二个小男孩习惯币，说话算数，也不会导致他对老师的失望，以及失去学习的兴趣。

教育不能由一个个"如果"组成，更不能总是做一些"事后诸葛亮"的补救事情，这就要求我们教师"以人为本"，必须真正把学生放在心上，尊重每个学生心理和情感的需求。

3. 自我剖析

当教师们听到这里的时候，气氛一下子变得低沉，相信每个人都在思索，更相信大家内心或多或少都受到了触动。

他对老师们说："咱们学校一直致力于和悦课堂的建设。那如何让学生在课堂上愉悦地学习，享受学习的乐趣？大家肯定有很多教育策略，但是评价肯定是有效的途径和方式之一。"他接着让老师们反思："在以往的工作之中，我们是否有过因为没有及时评价，导致学生降低学习兴趣和成绩的情况呢？"有两个青年教师讲了自己"失败的教育"。看得出，他俩有些懊悔，有些难过。

诚然，一次"失败的教育"，对于教师而言，只是一个案例，一个教训，而对于一个学生来说，则是打击了整体，是希望萌芽的夭折。对于"失败的教育"，有的还可以补救，而更多的则是无力挽回。

这次沙龙，我们重点围绕"课堂上，学生为什么会不高兴"展开了研讨，可以说为教师们洗了一次脑，重新认识了评价的重要意义，某种程度上而言，让评价真正由口头走向内心，由只重视外在形式到深入理解内涵。

评价，真的是一个值得深入探索与研究的课题，里面涉及太多的教育内容；评价，真的是一根有力的杠杆，它能够撬动学生内心的动力，能够激发学生学习的潜力，甚至影响学生的终身发展。

学生综合素质教育评价，不仅是当代教育的主旋律，而且真正体现了以人为本的发展理念。学生综合素质评价是学校素质教育过程中的一个重要环节，它关系着学校教育教学质量的提升，关系着教师教育理念的更新与教育素养的丰实，更是关系着学生未来的发展。

三、有效推进课堂教学改革

（一）成立组织，强力推进

学校成立课堂教学改革领导小组，明确分工，强化责任。在课堂教学的各个流程均有领导检查指导，做到时时有检查，处处有检查，及时评价，及时奖惩。学校将通过学习有关先进地区课改经验材料，观看课堂实录，领导讲座，开展课堂教学改革讨论，使广大教师统一思想，提高认识，增强信心，营造氛围，形成合力，激发人人参与、个个践行、全员支持教学改革的良好局面。

（二）加强教科研培整合

加强课堂教学改革要通过教科研培整合，形成合力，实现共赢。首先，学校在课堂教学改革活动中，出现和生成的一个个问题，作为教师的研究的课题，通过科研的方法进行全面系统的研究。例如，教学副校长白海东老师根据目前传统文化日益受到重视的背景，带领全体语文教师进行"小学语文教学中进行中华优秀传统文化教育的有效策略研究"；陆润尘老师根据研究需求，制定了"导学单为载体提高小学中高年级学生质疑能力的行动研究"；宋丽娜老师申报了课题"采用导学单培养低年级学生自主学习意识的行动研究"等，均在区级予以立项。

学校要求人人去发现问题、人人带着课题，这样使课堂教学中反映的问题在教师中一个个得到化解。这一个个结题报告就是最有价值的科研成果，促进了教师的专业化发展。学校教研工作围绕科研进行，教师的一个个科研成果，通过教研的形式推广，使教师之间资源共享。学校也立足开展有效教研活动，创新教研形式，建立教研平台。学校已经创办了教师周刊，还将建立教师教研群、博客群、微博群、网上论坛等平台，使教师随时随地在网上进行交流、讨论。这样节省教师集中做教研的时间，突出实效性。学校鼓励教师在网络平台上，写教育随笔、教育叙事、案例、反思等，使教师之间互相学习、资源共享。学校的培训工作，紧紧跟进科研和教研工作，两项工作遇到瓶颈或出现问题，深入不进去时，就要靠培训来提供智力支持。培训工作通过"引智"，走出去，学习借鉴先进外地经验，学习先进教育理念；再通过"集智"，集中大家的智慧和力量，以交流、讨论、案例剖析、现场会诊等形式，给每位教师充电，解决教科研中存在的每个问题，使教师快速成长。在培训工作中，我们还将选派骨干教师走出去，学习借鉴外地先进经验；在实践中有所扬弃，在探究中有所发展，努力把外地先进经验本土化，为我所用。

（三）抓实常规管理，落实各项制度

学校狠抓集智备课、有效上课、作业批改、学困生辅导、当堂检测、单元总结等教学环节。建立集智备课制度，制定《教师课堂教学行为规范》《学生课堂学习行为规范》及《课堂教学基本规则》，建立《学困生辅导制度》《作业批改要求》等相关规范和制度。落实"三讲三不讲"的课堂教学基本要求，"三讲"即讲易错点、易混点、易漏点、重点、难点；讲思路、策略、技巧、方法、规律；讲思想、体验、情感、态度、价值观。"三不讲"，学生学会的不讲，自己能学会的不讲，讲了也不会的不讲。作业布置要做到"三布置三不布置"，不布置死记硬背、机械训练的作业，布置启发性、思考性作业；不布置重复性作业，布置选择性、层次性作业；不布置繁难偏旧的作业，布置课外研究性作业。力求做到认真批改、有发必收、有收必改、有错必纠、有练必评。要加强质量分析，帮助学生查漏补缺，矫正认知偏差。任课教师要建立"错题档案"和"问题集锦"，把学生常错的试题和学习中遇到的问题、经典的知识和题目，都一一记录下来，为科学有效地指导学生学习提供一手资料，还要指导学生建立好、使用好"错题簿"。

学校对集智备课、有效上课做到课课必查，有查必评，有评必奖。对作业批改、学困生辅导、当堂检测单元总结等环节进行高密度抽查。只有这样才能彻底改变教师的教学行为，使之走上有效教学之路，实现高效课堂。

（四）科学安排，活动引路，整体推进

深入开展校本教研活动，用活动催生教师的教育智慧，使教师的困惑得到及时回应，经验得到及时分享。今后一个时期，学校将大力开展高效课堂达标活动、优质课评选活动、示范课展示活动。通过赛课，给乐于探索、勇于探索的优秀教师构建更加广阔的展示平台，以激发教师的潜在智能，提高教师的教学技能，促进教师勇于教改的热情，使我校课堂教学水平提高到一个新的高度。学校将对课堂教学改革成绩突出的个人给予表彰奖励，在评优晋级、提拔重用时给予倾斜。

深化课堂教学改革、构建高效课堂模式是学校教学工作的主旋律。我们已经从试点走向全面推进阶段，我们将通过 3～5 年时间把我校的课堂打造成生命的课堂，高效的课堂，使学生整体素质全面提升，教师的课堂教学水平全面提高，学校办学水平力争再上新台阶。

第二节　基于研究专题的教学设计

学校组织教师进行教学设计时，关注以下课题：教材分析、学情分析、教学目标、教学重点、教学难点、教学准备。每个教学设计都要指向一定的研究专题，比如"关注学情，注重学生实际获得""有效提问，注重学生实际获得""关注问题情境，创设提升问题解决能力""教师示范策略研究"等。在每个研究专题后都希望教师能对本节课的教学做一定的教学反思，它提供了一个很好的"脚手架"，要求大家认真研读教材、精心进行教学设计，引导教师进行教学反思实践，实现自我提升。如表3-1所示。

表3-1　框架问题设计表

姓名　　　　　　　年级

课题		课时	
教材分析	1. 基于本单元：单元内容主题？训练点？ 2. 本课在单元中位置？承载任务？写作特点（写作顺序、结构特点、典型写法、修辞方法）？中心？		
学情分析	一、教材：学生掌握情况 二、学生：已有认知基础、能力、习惯 三、课前做了哪些事情？（预习、调查、访谈等）		
教学目标	课标要求：识字写字、阅读理解、朗读、收集信息、合作学习等描述。 根据课标，细化为目标		
教学重点			
教学难点			
问题设计			
精彩三分钟			
导入问题			
关键问题一			
关键问题二			
关键问题三			
过渡性问题			
总结性问题			
拓展性问题			

一、关注学情

教案1：姚培荣　四（1）班　数学《生活中的负数》

课题	生活中的负数	课时	1
教材分析	《生活中的负数》是京版教材四年级下的教学内容，在学生系统地认识整数、小数、分数的基础上进行学习。负数的引入是对数系的又一次扩展。教材通过大量		

的生活情境，让学生感悟到由于生活和生产的需要，有时用正数已经不能明确而完整地表达所需的意思，从而产生了负数。在认识负数的过程中，使学生初步感知数量的方向性和相对性。在其中，通过对 0 的进一步认识，感悟到 0 不仅可以表示一个物体也没有、表示起点，也可以表示两个量的分界线

学情分析	在学习《生活中的负数》之前，学生已经系统认识了整数和小数，并且对分数也有了初步的认识。知道这些已学过的数的个数都是无限的。学生由于生活经验，可能在某些地方已经知道了负数的存在。基于这样的学习起点，本节课必须在学生认知冲突产生矛盾的前提下让学生体会负数产生的必要性，并通过熟悉的生活情境让学生体会负数的意义。同时在本节课上也应尽量通过数学思想的渗透，使知识形成一个完整的结构，为今后进一步学习正、负数打下基础
教学目标	1. 使学生了解负数产生的背景，初步认识负数，会正确读写，理解 0 既不是正数也不是负数。 2. 借助熟悉的生活情境，在实践探索中体会负数的意义，学会用正、负数表示生活中相反意义的量。 3. 感受正、负数与生活的联系，结合史料进行爱国主义教育。
教学重点	初步认识正数和负数，理解负数产生的必要及意义。
教学难点	理解 0 既不是正数也不是负数
教学准备	课件、学习单

教学过程

环节	教师活动	学生活动	意图	时间
一、专项技能训练	1. 出示口算卡片 2. 说一说 5 能表示什么？1/3 呢	开火车 举例说	训练学生的口算正确性及速度 加深对数的理解与认识	3 分钟
二、情境引入	游戏：说出意思相反的词	对答	通过游戏引入激发学生兴趣，在愉快的气氛中进入今天的学习。为学习认识负数奠定基础。	2 分钟
三、探究新知	（一）感受意义相反的量 1. 出示信息 （1）新学期开学了，学校转入 3 名学生，转出 3 名学生。 （2）妈妈称体重，1 月份增长了 2 千克；2 月份减少了 1.5 千克。 （3）王阿姨卖服装，第一周赚了 800元；第二周赔了 200 元。	读信息		12 分钟

2. 学习活动		
任选一条信息，用简单、明了、新颖的记录方法记录这条信息的主要内容，并将信息的记录方式分别填在下面的方格里。 		明确任务 独立填写	以自己的方式记录信息，培养学生的创新意识，发展个性
3. 展示学生学习结果，板书 　　+3　　　　–3 　　+2　　　　–1.5 　　+800　　　–200	展示交流 评价比较	
（二）认识正数和负数 1. 正数和负数的读法 认识"+、–"两个符号，正确读出这个数。	正确读出	
2. 感知正数和负数意义 （1）读每组数，说一说这两个数分别表示什么？ （2）思考：这三组数量有什么共同特点？ （3）请举出一组意义相反的量，并用正负数来表示。 （4）说明"+"可以省略不写。 （5）揭示课题，介绍知识窗。	说出意义 找出共性 加深理解 举例说出负数的意义	体会正负数产生的必要性，初步认识正负数
（三）理解正负数的意义 （1）生活中你在哪里见过负数？举例说一说。课件演示 （2）学习活动（二） ①在下面温度计的示意图上标出各城市的最高气温和最低气温。 ②标好数据后仔细观察温度计，你有什么发现？写出来。	明确任务 要求 自主学习 全班交流	理解"0"的新意义	15分钟

城市	最高气温	最低气温
哈尔滨	–17 ℃	–3 ℃
北京	–6 ℃	3 ℃
上海	1 ℃	8 ℃

	汇报交流： 预设学生发现的结论： 越往上温度越高，越往下温度越低。 0 上温度和 0 下温度是以 0 ℃作为分界点。 0 在正数和负数之间，没有正号或负号。 0 以上的是正数，0 以下的是负数。 ……	提出问题 共同解决 全班交流 学习	结合助学单，进行自主学习，理解正数、负数的意义。培养学生发现问题、提出问题的意识	
	拓展：0 ℃，100 ℃ 师：你有什么问题？ 小结：0 既不是正数也不是负数，它是正数和负数的分界点。在用正负数来表示相反意义的量时，找出分界点非常重要。 （3）将温度计横放变成数轴，填出（ ）里的数，说说你有什么发现？ （4）如果将所有的数按今天的知识分类，怎样分？	观察 填数 思考 思考并分类		
四、 巩固练习	1.看图填空 2. 判断 （1）任何一个负数都比正数小。（ ） （2）一个数不是正数就是负数。（ ） （3）因为"4"前面没有"+"号，所以"4"不是正数。（ ） （4）上车 5 人记作"+5 人"，则下车 4 人记作"−4 人"。（ ） （5）正数都比 0 大，负数都比 0 小。（ ）	思考 回答 手势判断	应用知识解决问题，加深理解负数的意义	6分钟
五、 总结质疑	回顾本节课的学习过程，提出疑问	指名说		2分钟

板书设计

生活中的负数

正数		负数	意义相反
+3		−3	
2	0	−1.5	
800		−400	

教案 2：张瀚升　五（1）班　语文　古诗四首之《枫桥夜泊》《山行》

课题	古诗四首之《枫桥夜泊》《山行》	课时	1
教材分析	《古诗四首》是北京版第九册书 13 课，《枫桥夜泊》和《山行》出自此课，这两首古诗都是唐代著名诗人的作品，且都是写景的，均为传诵千古的名篇。但表达情感各有不同，张继的《枫桥夜泊》从很细小的景色入手，绘制了一幅朦胧静谧、清冷幽美的江南水乡秋夜图；杜牧的《山行》则表达了诗人对大自然美景的热爱之情。		
学情分析	考虑到刚上五年级的学生对于学习古诗的方法已基本掌握，可以自主学习、小组合作，老师可在难懂处进行点拨。本课将采取老师引导、三单相助、小组学习等方式，对比两首诗的异同处，使学生在读诗和理解中，体会诗人表达的情感。		
教学目标	1. 巩固学习古诗的方法，理解重点词句的意思；正确诵读两首诗，读准节奏、读出韵味；背诵古诗；体会两首诗的情感；了解两首诗的写法特点——借景抒情。 2. 通过诵读、图片、音频、想象、比较等方式，了解古诗大意。 3. 体会诗人张继游子的忧愁，感受诗人杜牧对大自然的喜爱。		
教学重点	正确诵读两首诗，读准节奏、韵味；体会两首诗表达的不同情感		
教学难点	体会诗人张继游子的忧愁，激发归类学习古诗词的兴趣		
教学准备	多媒体课件		

<table>
<tr><td colspan="5" align="center">教学过程</td></tr>
<tr><td>环节</td><td>教师活动</td><td>学生活动</td><td>意图</td><td>时间</td></tr>
<tr><td>一、
专项技能训练</td><td></td><td>一名学生介绍古诗《泊船瓜洲》</td><td>与导入新课相结合</td><td>3</td></tr>
<tr><td>二、
复习巩固导入新课</td><td>1.回顾古诗学习方法。
今天我们继续用这个方法来学习两首古诗，先来学习《枫桥夜泊》。</td><td>回顾：
解诗题，读诗文
明诗意，品诗句
知背景，悟诗情</td><td>回顾学诗方法，引导学生自学</td><td>2</td></tr>
<tr><td>新授</td><td>学习《枫桥夜泊》
一、解诗题，读诗文。
1. 解题:谁来说诗的题目的意思?
2. 自读古诗，小组互查，读准节奏。
3. 多种形式读诗</td><td>夜里，船停靠在小河边
自读，小组互读
指名读、男女生读</td><td>读准字音，读出节奏</td><td>5</td></tr>
<tr><td></td><td>二、明诗意，品诗句。
1. 师：默读古诗，画出诗人看</td><td>预设：
月落、江枫、渔火……
预设：</td><td>提高自主学习能力，发挥想象思维能力，感受</td><td>15</td></tr>
</table>

到了什么？又听到了什么？ （2）再读读这看到的、听到的，你有什么感受？ （3）指导朗读。	寒冷、悲伤、孤独 愁	诗中描绘意境	
2.（1）是了，诗人用一个字就点明了全诗的情感，是哪个字？ （2）张继如此忧愁，其实是有原因的。（出示资料）请同学们默读资料，了解内容。 （3）通过资料你了解到了什么？ （4）那么，我们想象一下，张继此时在愁些什么？	学生默读，了解创作背景 指名说 发挥想象，感受诗人的愁	进一步了解、感受诗人愁苦的心情 拓展升华，让学生更加感受诗人的忧愁	
3. 引读悟情，诵读诗情 （1）没错，此时的张继他在思念家乡，思念自己的亲人和朋友，可这里没有他的亲朋好友，有的只是—— （2）远处的钟声又更让人愁苦不堪，读—— 于是，情动于中，而辞发于外，《枫桥夜泊》就这样诞生了！（诵读） （3）请闭上眼睛，诵读一遍。（背诵）	月落乌啼霜满天 江枫渔火对愁眠 姑苏城外寒山寺 夜半钟声到客船 诵读悟情		
小结过渡，引入《山行》。 1. 诗人不仅用"月落""乌啼""江枫""渔火"等景物营造出了一种凄凉的氛围，更是直接用"愁"字表达出自己的感情，借景物来抒发感情就叫作—— 2. 张继的《枫桥夜泊》表达了自己愁苦的心情，而同样是描写秋景的诗，杜牧的《山行》却传递着另一份心情。 根据步骤，自主学诗 1. 解题，读诗	借景抒情 在山中行走 自读，小组互读 指名说 比……红	小结写诗写作手法	8

（1）纠正读音，读出节奏。 （2）点拨："斜"的读音。 2.明诗意，品诗句 （1）诗人都看到了什么？（板书） （2）"红于"是什么意思？（点拨知识） （3）在这深秋时节，站在山脚下向上望去，诗人看见了—— （4）行到途中，遇到枫林美景，诗人不禁—— （5）看来，诗人对这秋景真是——（板书） （6）你都是从哪看出的？ 3.感悟诗情，诵读情感 （1）这诗既展现了诗人豪爽向上的精神，也表现出诗人那不俗的才气与见地。 （2）我们来配乐背一遍。 （3）（出示两首诗）回顾两首诗，你发现了它们之间有什么相同之处？（完成表格） 1.拓展阅读： 可见，同样的事物在不同人的心境下会有不同的感受，请同学们看学习单上的两首诗，读一读，完成问题。 2.拓展研究： 老师留了两个研究性问题，选择一个完成，希望大家能对古诗词有更深的了解	远上寒山石径斜 白云生处有人家 停车坐爱枫林晚 霜叶红于二月花 喜爱 霜叶红于二月花 感受深秋时节，诗人仍表现出对大自然的喜爱 配乐背诵，体会情感 比较异同 说一说 继续进行古诗词学习	引读体会情感 激发学生研究学习古诗的兴趣	 2 5

板书设计

枫桥夜泊（唐 张继）　看　听　　　　愁

　　　　　　　　　　　　　借　景　　抒　情

山行（唐 杜牧）　　　看　想　　　　爱

教学反思

《枫桥夜泊》是唐代诗人张继的诗作、诗题意为"夜晚停船于枫桥"，全诗写的是一位旅途中的游子，夜泊枫桥时所领略到的一种凄清、寂寥的景色，以及由此而产生的愁绪。而杜牧的《山行》写的是诗人在山中小路上行走时所看到的深秋时节的枫林景色，描绘了一幅由"寒山"、"石径""白云""枫林"等构成的山林秋色图，表达了诗人对大自然美景的热爱之情。在教学中我做到了以下几点：

一、温故知新，触类旁通。

导入时，我让学生回顾学习古诗的方法，让学生能再明确本节课学习古诗的步骤。多种形式读诗，先让学生读准诗的节奏。

二、自主合作，品词析句。

在这节课中，我让学生自己读诗句，自己根据注释理解诗意，合作交流遇到的问题，所以学生在学习的过程中快乐而主动。

三、创设情境，领悟意境。

利用多媒体播放画面，渲染气氛。鼓励学生运用自己的语言，展开想象，丰富诗的内涵。例如：让学生选择一个或几个词语说出表达的意象，领悟诗人表达的情感。除此之外，我还通过播放音频、配乐，描绘意境，师生多次诵读，进一步领悟诗人表达的情感。

四、拓展延伸，质疑研究。

通过比较古诗《枫桥夜泊》和《山行》，让学生体会出同一季节景象在不同人眼中，会产生不同的情感，并鼓励学生在课下积累此类古诗，进行比较学习；课上质疑，并带着问题走出课堂进行研究学习。

教案3：曹新　六年级　信息技术　《编写声控程序——选择结构》

课题	编写声控程序——选择结构	课时	1
教材分析	本课选自北京版小学《信息技术》教材第三册第3单元第18课"选择程序结构"，教材原内容为通过编写"迷宫"程序，了解选择结构程序设计的思想和方法，主要认识两种模块，判断命令模块和侦测命令模块中的"碰到颜色"。为了拓宽学生的思路，让学生进一步感受程序的实用价值，我对教学内容进行了调整，添加了外设设备——麦克风，将知识点确定为"选择结构"和"声音检测模块"		
学情分析	本课教学对象是小学六年级学生，求知欲与好奇心强烈，有一定的自主学习意识，抽象思维与逻辑思维有所发展。在学习本课之前，学生已经会用Scratch中的常用模块库编写简单程序，已经了解程序设计的顺序结构、循环结构，初步了解"变量"的使用方法		
教学目标	1. 认识条件判断等命令模块；了解选择结构程序基本功能及作用。认识侦测命令模块中的"音量值"，并根据实际确定适合的音量值。 2. 通过范例体验、微课视频、实践操作等途径，了解声控程序的编程方法；初步认识声控灯程序流程图；在实践中，完成由自然语言向程序语言的过渡；体会选择结构程序的作用。 3. 紧密联系生活实际，了解声控技术在生活中的广泛应用，体验编程的乐趣		
教学重点	1. 了解选择结构模块的基本功能及作用。 2. 认识侦测命令模块中的"音量值"，并根据实际进行合理确定		
教学难点	能够根据学习资源，掌握编程知识，实现自主编程和调程		
教学准备	多媒体课件、耳麦、微视频、Scratch 1.4、学习资料包、助学单		

<table>
<tr><th colspan="5" style="text-align:center">教学过程</th></tr>
<tr><th>环节</th><th>教师活动</th><th>学生活动</th><th>意图</th><th>时间</th></tr>
<tr>
<td>一、
激趣导入
拓宽视野</td>
<td>1. 声控台灯实物体验：你能用哪些方式打开它？
2. 揭示课题：编写声控程序</td>
<td>学生体验尝试打开声控台灯
预设：开关、声控、触摸等。</td>
<td>生活实物引入，创设问题情境，激发学生学习兴趣。</td>
<td></td>
</tr>
<tr>
<td>二、
自主实践
学习新知</td>
<td>（一）范例体验，初步感知声控灯程序
1. 范例出示声控灯的程序，找同学体验运行，其他同学请仔细观察这盏声控灯的运行过程

点拨预设：
（1）你大点声，再大点，为什么不亮？
老师：原因在这，麦克风静音了，看来接收不到声音也不行。再试试！
（2）点拨：小点声试试。
（3）老师：请你再次喊亮它。（数数 1、2、3，灭）
2. 说一说在体验这个声控灯程序运行过程中，发现了什么？

3. 小结："小可蚁"是通过语音识别技术控制的，那这盏声控灯是通过声音大小来控制的！

（二）绘制流程图，认识选择结构
1. 绘制流程图
老师：流程图，它是程序分析</td>
<td>学生体验尝试打开声控灯

学生发现：
（1）发出声音，灯亮。
（2）声音小，不亮。
（3）自动熄灭。

回忆范例体验操作，梳理、制定流程图；</td>
<td>通过范例，带领学生初步体验声控程序流程。引导观察和思考，为后续深入学习做准备。

引导学生认真观察与思考，初步感知声控灯原理。

加深学生对于声控技术的认识与了解。

初步认识流程图的重要功能。</td>
<td></td>
</tr>
</table>

中最基本、最重要的分析技术，也是我们解决问题的思路，那我们一起来制定能实现这个声控灯程序的流程图。 预设点拨： （1）我们需要对声音大小进行判断。	启动；通过麦克风输入声音；灯亮；等待等。	引导学生整体梳理声控灯程序流程图，将自然语言转换成流程图，更清晰地理解程序的执行过程。	
（2）判断的条件是，如果声音值大于一定数值，程序执行？如果没有满足条件呢？（补充完整流程图）	说一说	渗透选择结构概念，引导学生了解选择结构作用，明晰选择结构与顺序结构的不同	
2. 认识选择结构 老师：大家看，这就是声控灯的程序流程图，这样的结构，和我们之前学习的顺序结构有什么不同？像这样的结构叫作选择结构。	学生描述程序执行过程		
3. 根据流程图描述程序执行过程。	了解任务要求	帮助学生进一步理解程序运行过程。	
（三）尝试编写声控程序，实现自然语言向程序语言过渡。 1. 任务一：争做合格程序员——编写声控灯程序 （1）明确学习方式与要求 方式：根据教师提供的微课视频，自主学习编写声控灯程序的方法。 要求：及时发现操作过程中的问题，可以和同伴讨论，然后集体交流。 （2）教师巡视帮助完成任务 （3）展示汇报（不同方法展示） （4）师生共同解决问题 提问：灯为什么一直亮？这个比较值定多大合适呢？	根据视频资源，自主探究实践。 学生汇报学习成果提出问题，并相互解决问题 观察、思考 1. 音量值的取值范围是0～100。 2. 轻声说话的范围大约在0～30之间，正常说话的范	借助教师提供学习资源，通过自主探究，完成编程任务。 注重培养学生在实践中观察与发现问题的意识与能力。 培养学生调程能力。	

2. 认识声音检测模块 老师：程序开发的所有数据都是十分严谨的，都要经过前期充分的调研与科学的验证。这音量值到底隐藏了什么秘密？ （1）认识"音量值"。 PPT：出示取值范围，你从中了解到什么？ （2）讨论：比较值定多大合适？为什么？ （3）教师鼓励完善程序。 要求：为你的程序设置合理音量值；完成的同学可以进一步探究其他编程方法。 3. 任务二：争做优秀程序员 ——设计声控变脸程序 （1）视频欣赏：川剧变脸。 老师：2005 年，川剧变脸被列为世界非物质文化遗产。那我们能不能设计一个声控变脸程序呢？回归流程图，谁来说说你的想法？ （2）提出任务要求： 用本节课学过的技能编写声控变脸程序。	围在 30～60 之间，大声说话的范围在 60～100 之间。学生报数，陈述理由 自主完善程序 欣赏 说一说 了解任务要求	联系已有知识经验，深入了解侦测模块"音量值"。 让学生深入了解数据参考值的确定要有科学依据。联系生活实际，进行音量值的确定。 进一步运用流程图解决问题	
助学单： 任务二：争做优秀程序员——设计声控变脸程序 一、实践内容：设计声控变脸程序 二、任务提示： 1. 完成两次变脸即为合格。 2. 可为变脸程序更改舞台背景。（素材位置：桌面→资源包→任务二）。 3. 为了模拟变脸的速度，突出观看效果，请设置合理的等待时间。	自主实践 展示交流		

（3）教师巡视帮助完成任务。 （4）展示交流			

板书设计

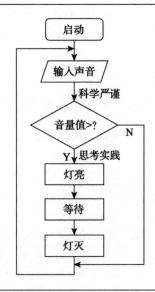

编写声控程序
——选择结构

教学反思

　　任教信息技术学科以来，我一直在思考：学生在信息课上能够获得什么？基于这种认识，我研读《课标》和教材，努力实现以下三方面内容。

一、让学生获得学科基本知识和技能

　　本节课，我通过任务驱动，着重训练学生的编程、读程、调程能力，以及抽象思维与逻辑思维能力。以生活中常见的声控灯为案例，让学生体验程序设计的一般过程，借助教师提供资源进行自主探究、设计程序。通过课堂观察，学生基本能够完成教学目标。

二、让学生获得解决问题的方法，提升思维品质

　　学会编写声控程序是本课一个重点。学生在本课教学之前已经会用 Scratch 中的常用模块库编写简单程序，已经了解程序设计的顺序结构、循环结构，并初步了解"变量"的使用方法。然而每个孩子的认知水平、操作水平层次不一，能力强的同学不愿听老师过多讲解，急于动手实践；能力弱的学生，教师讲解一遍，也未必全盘吸收消化。因此，我采取了翻转课堂理念，提供微课视频进行课内翻转，放手让学生自主编程。学生可以根据自己的实际情况选择跳跃去看或反复观看。

　　流程图作为程序设计中最基本、最重要的分析技术，有助于学生编程思维的训练。本节课，我采用任务驱动方式，带领学生一起设计声控灯程序的流程图，将自然语言过渡到程序语言；在设计变脸程序时，再次使用流程图，明确解决问题的方向，强调解决问题的方法。

　　编程需要具有科学严谨的思维方式。在课上，我不断引导学生进行发现和质疑，尤其是在音量值设置环节进行细致指导，体会信息技术的科学与严谨。

三、让学生获得开阔视野

　　随着社会的发展，信息技术应用到越来越多的领域，发挥着巨大效用。每一节课，我都会

根据教学内容，补充相关课外资料，让学生切实感受到信息技术在生活中的广泛应用，同时激励学生大胆想象，因为敢于畅想，是进行创新的关键和基础。

本次教学过后，学生的任务达成率很高，不同层次地完成了合格程序员或优秀程序员的声控程序编程任务，但相对于操作，学生在交流上可能还不是很充分。在个别环节可以适当放手，让学生表达他们的见解。在今后的教学中，我将继续磨炼教学技巧，灵活进行课堂交流，丰富评价语言。希望各位领导和老师批评指正并帮助我提出宝贵意见！

二、有效提问

教案：马静　四（1）　语文《给予树》

课题	《给予树》	课时	2
教材分析	本文讲述的是一个很感人的故事：只有八岁的金吉娅家里不宽裕，在圣诞节给家人购买礼物时，看到了援助中心的给予树上有一张心愿卡，于是花了大部分钱，给陌生的小女孩购买了洋娃娃，妈妈知道后特别激动。这篇课文围绕妈妈的心情变化线索而展开，表现了金吉娅的善良、体贴与仁爱之心		
学情分析	本班共有学生33人，学习习惯较好，学习基础比较扎实；上课回答问题比较积极，善于思考。部分男生相对而言，自我约束能力有点弱。虽然这篇文章描写的背景学生不太熟悉，如圣诞节、援助中心等，但是学生可以通过查阅资料解决。学生之前学习过《5美元的故事》《难忘的八个字》等课文，对于理解本篇文章金吉娅对家人的体贴、对陌生人的同情与关心都没有困难。在此基础上，教师着重引领学生透彻地理解"给予"的真正内涵，那就是无私的给予是一种美德，每个人都要有体贴、仁爱之心		
教学目标	1. 正确、有感情朗读课文，了解妈妈的情感变化及原因；理解重点词句含义，能够运用联系法进行想象和学习。 2. 通过朗读、想象、导学单，联系生活实际和课内外资料理解重点词句含义。 3. 体会金吉娅的善良、体贴、仁爱的美好品质，体会"给予"的深刻内涵，受到美好情感的熏陶和感染		
教学重点	通过朗读、想象，联系生活实际和课内外资料理解重点词句		
教学难点	通过妈妈感情的变化，体会金吉娅善良、富有同情心的美好品质		
教学准备			

教学过程				
环节	教师活动	学生活动	意图	时间
一、专项技能训练		故事《七份报纸》	这个环节重点训练学生表达技能，同时故事主题与课文接近。	8分钟

1. 出示词语。	开火车带读	复习本课词语及回顾课文内容。	
2. 根据词语提示，说说课文主要内容。	指名说说		
3. 默读课文，找到描写妈妈心情变化的词语。 点拨：你有什么疑问吗？	指名说 担心、生气、激动 学生质疑	培养学生质疑能力	
1. 读课文第一自然段，找一找妈妈为什么而担心呢？ 指导朗读	读句子，抓住"只、却、5个孩子"及反问句说体会 有感情朗读	抓住重点语句进行体会，同时练习有感情朗读。	
2. 商场回来后，妈妈十分生气。妈妈发现什么了？	读课文 妈妈发现金吉娅沉默不语，只买了一大把很便宜的棒棒糖。	培养学生收集信息的能力	
3. 请你联系课文的第1～3自然段，体会"沉默不语"的含义 师：请进行选择 组织反馈	（1）默读课文，思考。 （2）使用按板选择。 （3）说理由。	运用联系法，体会学习。 "按按按"技术能够全面反馈学生学习与理解情况，便于教师掌握学情。	8分钟
		培养学生品析重点词句和写法的能力。	
4. 可是妈妈并不知道怎么回事啊，于是非常生气。 指导体会和朗读	抓住重点词、标点和反问写法，体会妈妈生气的心情 有感情朗读	训练有感情朗读。	
		运用导学单，培养学生自主探究学习能力	
5. 是啊，金吉娅到底做了什么？ 自学提示： ①默读第四、五自然段，想一想金吉娅到底做了什么。 ②她为什么会这么做，在感受深的句子或词语旁做批注。	（1）指名读自学提示 （2）默读画批 （3）小组交流 （4）汇报交流	小组交流，便于每个学生发言交流 运用"按按按"技术，了解学生	14分钟

③小组交流讨论。		理解课文情况。
6. 反馈点拨。 金吉娅在准备买洋娃娃时，是怎样做的呢？请联系课文内容和实际进行选择 金吉娅在买洋娃娃的时候是（　　）买来送到礼品区的？ ①迟疑了一下　②毫不犹豫	联系课文进行思考，并选择。 说明理由	
出示心愿卡： 指导理解金吉娅的话，体会她的想法 指导：我们有（　　），可小女孩没有。 配乐读第二段对话 听了金吉娅的话，你觉得她是一个（　　）的小女孩。 指名读第四自然段	配阅读 想象联系，联系课文体会 朗读，感受 指名读	培养学生合理想象能力
7. 知道真相后，妈妈的心情无比激动。	齐读第5自然段	联系课文内容发挥合理想象，进行读写结合训练。
1. 小练笔：联系课文和生活实际，给课文写一个结尾。	写话 反馈	
2. 小结全文。 3. 课后拓展作业：读《心愿》这篇文章，按照学习提示完成练习。 4. 推荐阅读	按要求完成练习	运用所学知识和学法，进行拓展训练

板书设计

板书：

25 给予树

妈妈　　　　　　　　金吉娅
担心　　　　　　　　善良
生气↓　　快乐　　　仁爱　联系法
激动↓　幸福　　　　同情
　　　　　　　　　　体贴

教学反思：

本文讲述的是一个很感人的故事：只有八岁的金吉娅家里不宽裕，在圣诞节给家人购买礼物时，看到了援助中心的给予树上有一张心愿卡，于是花了大部分钱，给陌生的小女孩购买了洋娃娃，妈妈知道后特别激动。

这篇课课文围绕妈妈的心情变化线索而展开，表现了金吉娅的善良、体贴与仁爱之心。本课描写的背景学生不太熟悉，如圣诞节、援助中心等，但是学生通过查阅资料已经基本了解。学生课堂上能理解到本篇文章金吉娅对家人的体贴，对陌生人的同情与关心，金吉娅是个善良的孩子。因此教师重点要引领学生透彻地理解"给予"的真正内涵，那就是无私的给予是一种美德，每个人都要有体贴、仁爱之心。

本课教学由质疑妈妈情感变化出发，由学生提出问题：妈妈为什么会有这样的情感变化？而一层一层地感知文本，理解文本。一、了解爱。在上课过程中，学生通过联系实际分析金吉娅家庭状况，了解妈妈的担心，抓重点词句理解妈妈生气的原因，以想象情境、联系自己生活实际和课内外资料、小组交流、独立思考、引导孩子想象等方式，使孩子尽可能贴近课文背景，体会到金吉娅的善良与爱心。"还学生自主阅读的时间，让他们用自己的大脑去思考，用自己的眼光看问题，这才能保证学生的个性化阅读。"在体会金吉娅心理活动的过程，学生立足于课本，给学生时间去思考，使他们体会到了金吉娅内心的纠结，感受到了金吉娅的善良，理解到这都源于金吉娅的爱。二、感受爱。学生体会到了金吉娅是个有爱心、善良的小女孩还远远不够，我又设计了感悟身边的"给予"的环节，在家里，在校园，在学校，甚至在社会中，我们都被爱包围着或者为爱付出着。因此孩子对给予的理解就会更加深入，体会到身边处处有给予。相信在他们的心里，也种下了"给予是一种快乐""赠人玫瑰手有余香"的种子。三、付出爱。在前两点的基础上，孩子会感受到，被爱的幸福，友爱的温馨，付出爱的快力，我们每个人的心中都应该有颗"给予树"

三、关注问题情境

教案：戴雪玲　五一　品德与社会：《古迹众多　文化灿烂》

课题	古迹众多　文化灿烂	课时	2
教材分析	本节课以《品德与社会课程标准》为依据，结合通州地方社会的学科特点，充分利用我区教育资源，以寻找通州的历史文物为主线，开展教学活动。在活动中引导学生了解燃灯塔等历史文物的建筑风格、文化价值、历史作用等，使学生了解通州丰富的历史文化之底蕴，知道家乡的悠久历史。培养学生热爱家乡、热爱祖国的情感		
学情分析			
教学目标	1. 知识与技能： 　了解通州区燃灯塔、清真寺等通州著名的文物古迹。能够从修建年代、建筑风格、历史作用等方面掌握考察某种文物的方法。 2. 过程与方法目标： 　培养学生收集信息、分析资料、整理资料的能力；通过观察、拍照、查找资料的方法，考察文物古迹；培养学生与人合作的能力。		

	3. 情感态度价值观目标： 　　使学生通过了解文物古迹，体会到通州的悠久历史，激发学生热爱家乡的情感
教学重点	1. 学生能够了解燃灯佛舍利塔、通州清真寺等通州区著名的文物古迹。 2. 学生知道通州的历史文物丰富、通州城历史悠久激发学生热爱家乡的情感
教学难点	1. 学会从建筑风格、修建年代、历史作用等方面掌握考察文物古迹的方法。 2. 提高学生收集信息、分析资料、整理资料的能力
教学准备	PPT 课件、图片、视频、学生资料

教学过程

环节	教师活动	学生活动	意图	时间
一、 专项技能训练	1. 新闻播报台：新闻播报台开始广播。有请新闻播报人。 2. 点拨： 190 亿贸易大单，对我国的经济会有怎样的影响？ 这些文物，为什么原来不还给我们？说明什么？ 3. 小结习主席本次出访中欧三国，提前进行了周密的部署，不仅密切了与三国之间的友好合作关系，还为"一带一路"开辟了新的空间。	1. 学生进行新闻播报 2. 学生发表评论 （1）190 亿贸易大单，为我们国家带来了更大的商机，促进我国经济快速发展。 （2）文物回家，证明中国越来越强大，否则意大利也不会将这些宝贝归还给我们。意大利想跟中国建立更加友好、稳固的伙伴关系。	培养学生关注新闻的意识，提高社会责任感及思辨能力，引起大家对文物古迹的思考。	3 分钟
二、 了解京杭大运河	1. 提起"一带一路"，少不了会提起我们通州区的京杭大运河。它在历史上发挥过巨大的作用，是非常重要的漕运交通要道。 2. 小结：京杭大运河已经成为咱们通州的文化名片，对文化的传承发挥着不可估量的作用。		创设情境，激发学生的学习欲望。	3 分钟
三、 考察实践交流分享	1. 大运河为我们积淀了深厚的历史文化底蕴，留下了许多珍贵的文物。今天这节课，我们一起寻找通州的文物文物古迹。 2. 出示照片：介绍拍摄历咱们就先从最著名的燃灯佛舍利塔说起吧。哪组考察的是燃灯塔？	各小组汇报交流： 1 组：燃灯佛舍利塔介绍塔的历史、建筑风格、塔榆等。 阅读文本：三教庙的相关资料	通过对燃灯塔、通州清真寺、通州博物馆、闸桥等文物的考察，使学生掌握了解一种文物古迹的方法。	31 分钟

	问题：古人将宝塔建在运河边上有什么作用？ 古人说："三望燃灯塔，便到通州城。"是什么意思？ 引导学生探究三教庙 从三教庙"三教并立"的特点，说说你对运河文化的理解？ 3. 小结		感受古代通州历史文化的灿烂、经济的辉煌。	
	4. 提起通州区的古迹，咱们学校对面的通州清真寺，其实历史就非常悠久了。哪组给大家介绍。	2组：通州清真寺		
	5. 通州博物馆里面也有很多关于文物古迹的收藏与介绍。请三组同学给大家介绍。课下，同学们分组对通州的文物进行了考察	3组通州博物馆	感受通州的文物古迹众多，激发学生热爱家乡的情感。	
四、 提升总结	6. 在南街下坡肯德基这个地方，在历史上是非常有名的。它的名字叫作闸桥。请四组同学给大家介绍。 7. 距离咱们不远的张家湾在历史上是个重镇。那里有很多的文物古迹，需要咱们进行保护。	4组闸桥 5组补充介绍其他文物古迹		
	8. 历史文物记载了通州昨日的辉煌，出示视频《新出土的古城遗址》新闻，进一步说明了什么？ 9. 小结			3分钟

板书设计

4	古迹众多　文化灿烂 燃灯塔	大
		运
		河
通州博物馆	学校	

小问题真情境

《古迹众多　文化灿烂》一课教学反思

4月24日，小学品德与社会东南片区开展了"关注问题情境创设，提升问题解决能力"为研究主题的教研活动，活动中，我讲授了通州区地方社会《古迹众多文化灿烂》一课，在讲授本节课的过程中，存在很多问题与不足，下面就存在的问题进行反思。

首先本节课的教学目标是让五年级的学生通过课前实地调查探究、课中汇报分享讨论以及老师的引导提升总结等，了解通州区的燃灯塔、博物馆和清真寺等名胜古迹，并有效结合运河文化，引导学生运用关联思维，体会通州区历史悠久和文化底蕴的深厚，激发了学生作为通州人的自豪感。

其次，课堂教学中存在的主要问题：

一、创设问题情境

课上，先由小组汇报交流考察的通州燃灯塔，我设计的问题：在运河边上修建一座宝塔有什么作用？"三望燃灯塔，便到通州城"，说的是什么意思？这两个问题的情境创设比较肤浅，深度不够，挑战性不强。因此，在教学中真正做到关注问题情境创设，提升问题解决能力，教师就要引导学生面对真情境、真问题。关于创设情境，我想不如直接播放一段视频，给学生代入一个漕运繁忙、船只往来、商贾云集的古代通州漕运码头情境，紧接着，设计一个开放性问题：通州为什么有这么多文物？这个问题与历史文化、背景相关联。问题具有开放性、挑战性，能够调动学生的积极思维，激起学生想调查、想探究的欲望。通过学生收集材料，会说通州有2 000年的悠久历史，有着丰厚的漕运文化，才留存下如此多的文物。正是因为文物，才使通州积淀了丰厚的历史文化底蕴。体现了漕运文化，使教学目标的落脚点在文化上，即突出的是文化。

我提出有针对性的问题：通州为什么有燃灯塔？这个问题就跟通州的地理位置相关联，跟通州的文化历史相关联。从而探究燃灯塔是一个地区的标志性建筑即大运河北端的地标性建筑。运河上来来往往的船只从老远处看到燃灯塔，就说明到通州了，到北京了。为什么有三教庙？燃灯塔是佛塔，因藏有释迦牟尼的老师——燃灯佛的舍利子的塔。有佛就要有祭祀佛祖的庙宇，于是有了佑胜教寺。它是燃灯塔的附建。文庙是三教中最大的庙。文庙在前，规模最大，创建于元大德二年（1298年），突出了儒家地位，三教庙是儒释道三教合一的。三教庙的布局，体现了儒家、道家、释家三教逐渐融合的历史，并显示相互承认的心态，既是一部宗教史，也是一部思想史。有人说："不到三教庙，不看燃灯塔，就不算是到过通州。"也体现了通州的三教一塔的古建筑群，体现了运河文化，落脚点还是在文化上。

中央为什么找到通州作为北京的城市副中心？也是通州的重要的地理位置决定的，它距离北京最近，紧邻京津冀，推动京津冀协同发展，同时，也为了疏解北京城市人口。所以要使学生在课堂上面对真问题，体会真情境、讲出真心话。

二、资料的有效运用

教师在课堂中要关注学生学习材料的有效呈现，要真正与问题有关联、有比较、有引领，能够为学生解决问题提供有效的证据。

老师给孩子的资料是解决问题的路径、支撑。资料要进行信息加工，根据解决问题的信息或者是对比性的资料，能够产生生成性问题的资料，相当于给学生回答问题的证据，让学生能够从资料中提取信息，回归到解决问题中来，真正让学生会用资料，提高学生解决问题的能力。在教学中，我给学生提供的资料只是单纯的文本，插了几张图，没有经过提炼，不能为解决问题做依据和支撑，更不用说产生生成性问题了。学生很难在我所给的资料中分析出解决问题的答案。在今后的教学中，我要精心设计资料的内容，使学生会从资料中提取有用信息，经过加工处理、分析，最后解决问题，也就是让学生会说资料、用资料。

三、精彩的小结提升

整个教学过程中，总觉得跟不上学生的思维，老师缺乏给学生一个精彩的小结提升，把精华的内容提炼出来。往往是学生说出了最精彩的内容，教师还没有作出反应和判断以及及时的评价。在本课的教学中，我还要认真研读教材，认真大量阅读相关的教学资料，形成丰厚的知识积累，才能机智地把控课堂、驾驭课堂，做到进退恰到好处。

呈现方式问题：呈现学习过程过于单一，为了把学生的学习过程真正地反应在课堂上，可以采取手抄报、视频、照片等多种方式方法。

此外，在黑板上呈现的应该是正确的图示、有科学依据的图示。不如出示通州政区图，放大，把文物古迹呈现在通州政区图上。

今后，我一定要提升自己教学研究能力，不断探究情境创设的有效性，不断提升学生的问题解决能力

四、教师示范策略

教案：李洪生　六年级　美术《中国画——树的画法》

课题	中国画——树的画法	课时	一课时
教材分析	本课属于"造型表现"学习领域的内容，是中国画教学中的一个组成部分，通过学画树木，旨在让学生了解中国画家是如何观察、认识、分析和掌握树木的结构与特征的，从而使学生初步感受和体会中国画的绘画精神		
学情分析	六年级学生对中国画非常感兴趣，他们通过对以往教材中所涉及的国画内容的学习，对国画的笔法——中锋、侧锋、没骨法，墨法——焦、浓、重、淡、清等已有了一定的了解，具有了初步的笔墨造型能力		
教学目标	1. 通过欣赏、技法学习、绘画实践，使学生了解中国写意山水画中树的基本表现方法，感悟中国山水画的形式美感。 2. 学生初步运用国画技法中的中锋、侧锋、点乱等方法表现树木。 3. 培养学生热爱中国传统艺术的情感，增强其民族自豪感		
教学重点	初步运用国画技法中的中锋、侧锋、点乱等方法表现树木		
教学难点	技法学习、绘画实践，使学生了解中国写意山水画中——树的基本表现方法		
教学准备	音乐、示范作品、电脑演示图片、学生作品、学生实践用具等		

教学过程				
环节	教师活动	学生活动	意图	时间
一、专项技能训练	指导学生练习国画的笔法与墨法。	学生练习。	熟悉国画的笔法与墨法。	3分钟
二、示范激趣引入课题	1. 导语：同学们，聆听着这悠扬的古琴声，看着大家的张张笑脸，此时此刻，在老师的心中正涌动着一种创作的激	听音乐看老师画画，感受国画艺术之美。	通过观看教师现场画树的示范表演，感受国画的笔墨情趣。激发学生	2分钟

	情。在这张洁白的画纸上，老师要给大家献上什么呢？ 2. 教师现场示范：国画树 问：老师画的是什么？（树）用什么方法画的？（水墨）师：今天我们就来学用水墨的方法表现树。 板书：		对国画的兴趣。 引出课题	
三、 欣赏作品 初步感知	水墨表现——树 1. 师：国画讲究师法自然，也就是向大自然学习，看看自然界中的树会给我们哪些感受，自然界中树的枝干根叶都有哪些特点。 板书：枝干根叶 课件展示。（自然界中的树） 2. 指导学生讨论并归纳自然界中树的特点。	1. 带问题欣赏自然界中的树。 2. 分小组讨论自然界中树的特点。	欣赏自然界中的树，感受树的造型与意境之美。认识自然界中树的特点。	2分钟
四、 欣赏国画 作品，了 解表现方 法	1、设问：画家是如何表现树的呢？ 课件展示。（国画作品中的树） 2. 引导学生分析国画作品中的树具有高度的概括性，主要表现树的枝、干、根、叶在外形上的主要特点。	1. 欣赏国画作品中的树 2. 分小组讨论国画作品中树的特点	了解国画作品树的表现方法，学习笔墨技法与国画——树的表现技法。	4分钟
五、 讲解示范 学习画法	1. 结合课件讲解画法 枝、干、根：双勾法、没骨法 树叶：点叶法、夹叶法 板书：双勾法、没骨法 点叶法、夹叶法 2. 示范讲解国画的用笔、用墨方法并进一步分析国画中树的笔墨技法。 板书：中锋、侧锋、点虱、拖笔。 3. 讲解示范国画用笔、用墨表现树枝、干、根、叶的方法。 板书：笔法：中锋、侧锋、拖笔、点虱。墨法：浓淡有变化	1. 学习树的枝、干、根、叶的表现方法。 2. 学习国画用笔、用墨技法。 笔法：中锋、侧锋、拖笔、点虱 墨：有浓淡变化 3. 学习树木枝干根叶的画法。	学习国画树的枝、干、根、叶画法。示范用笔用墨方法	5分钟

六、欣赏师生作品	1. 展示教师作品,讲解画意:高大挺拔的松树代表人的乐观向上的精神,枝叶丰满的桃树象征人们丰富多彩的生活。 2. 展示学生作品,讲解:从学生画的作品中既看到了学生运用了丰富的水墨技法,又感受到了学生对生活的热爱。	听老师讲授 欣赏学生作品,听老师讲授。	让学生懂得国画作品中要融入人的情感	2分钟
七、布置作业明确要求	提出作业要求: 1. 参考老师提供的国画作品或美术书,小组合作或独立创作一幅国画树的小品画。 2. 用笔、用墨有变化。 3. 树的形态丰富、构图饱满。	学生宣读作业要求。	明确作业要求	1分钟
八、绘画实践巩固技法	学生作画,教师巡视指导。(个别问题单独指导,普遍问题集中指导。)	学生分小组或独立进行国画创作。团结互助,勇于表现。	通过实践,掌握技法。培养学生的想象力和创造力	18分钟
九、展评作品	1. 组织学生大胆展示赏评作品。 2. 总结画树的技法,教育学生热爱大自然,将来成为栋梁之材。	展示、欣赏作品,交流自己对作品的观点、看法。听老师总结归纳	提高学生对中国画的表现能力,体验绘画的乐趣。培养学生的鉴赏力,体验成功的乐趣。	3分钟

板书设计

中国画——树的画法

		笔法	墨法
枝	双勾法	中锋	浓淡有变化
干	没骨法	侧锋	
根	夹叶法	拖笔	
叶	点叶法	没骨	

教学反思:

"中国画——树的画法"一课是小学阶段水墨画教学的重要组成部分,是学习中国山水画的入门内容。自然界中的树多姿多彩、形态万千。树的不同品种,所呈现在人们视野里的面貌都不尽相同。这样就为学生展开联想、运用所学的技法来表现树提供了非常宽广的空间，学生可以尽情地运用手中的笔去描绘、创造自己心目中美丽的树，从而让心灵得到陶冶，让想象力、创造力得到培养，让祖国的国画艺术得到继承与发展，为和谐社会做贡献！

出于以上的考虑，我在教学上有意设计了如下环节，即：示范激趣、欣赏分析自然界中的树、欣赏分析画家画的树、讲解画法、示范画法、展评师生作品、提出作业要求、学生实践、赏评作品等。教学实践证实，这样的安排有利于突出重点、突破难点，出色完成教学目标要求。

本节课最值得提及的是如下几个教学情境。

其一：示范导入，教师快速地用两分钟时间现场为学生示范国画——树，把学生浓郁的学习兴趣点燃。

其二：欣赏自然界中的树时教师在旁精彩地点拨，使学生深刻领略到大自然中树的美，认识到树的特点，产生要表现的欲望。

其三：教师指导赏析画家笔下的树，让学生深刻体会由"自然之美"进而转化为"艺术之美"凝结着画家们的思考、情感、审美与高超的表现技艺。

其四：利用多种作业形式进行绘画创作实践让课堂变得民主、开放，自由度与空间都比较大，学生可以尽情地去表现。

其五，将展板设计成一个大森林，大森林里有美丽的画卷，既预示树使我们生活的环境非常美好，又预示着学生们要像伟岸的大树一样，将来成为祖国的栋梁之材，为我们的祖国描绘美丽的画卷。

由"自然之美"上升为"艺术之美"是美的艺术特征，一节好的国画课要实现通过教师的示范、讲解、演示等多种手段，真正使学生从感知到审美再到创造表现，达到"艺术之美"的理想境界，还要教师在自身修养、素质与能力的全面提高及深挖教材上很下功夫。

第三节　科研引领，助力教师团队成长

一、科研引领的价值

科研永远是兴教与强师的第一内驱力。学校的发展，更是取决于拥有一支善于研究与思考的教师队伍。近几年来，区里引进很多项目，给学校和教师搭建了学习与展示的平台。我校也不例外，十分重视科研工作，大力引领教师进行研究与实践，先后引进和参加了多个项目的研究："基于学习者分析，教与学的策略研究"、手拉手、学校阅读促进与推广、英语阅读、互动反馈技术系统、中医药进校园、国学启蒙教育等。

此外，教师也很重视科研，申报课题很积极。学校在"十三五"期间，干部教师市区级立项课题共计 12 项（北京市民族教育学会 3 项；北京市信息技术学会 1 项；市级子课题 2 项；通州区规划办 6 项），达到历史新高。其中《语文课堂教学中进行中华优秀传统文化教育的有效策略研究》被确立为区级重点课题。这些课题的选题，不仅与当前教育形势紧密联系，更是体现了我校的教研特色。

项目的引进，课题的研究，主要目的就是为了提高教师综合素质，促进学校教学质量稳步提升，此外，也更加促进教学管理的细化。

二、确定校级研究专题

我校一直致力于"有效提问"的课题研究，至今已有近 5 年的光景。2014 年 4 月，学校引进了北京教育学院的"基于学习者分析，教与学的策略研究"科研项目，准备借科研之力，逐步提升教师整体素质。而这个项目只是一个大方向，具体的突破点还要依据自身实际来确定。

我们查阅了大量文献，对于教与学策略专题进行了深入学习。其中，美国学者杰瑞·布劳菲编著的《教学的基本策略》，给了我们很大启发。书中详列了十二种策略，并提出：最优化的教学应是教学方法与学习活动之间的有机结合；学生应进行高水平的掌握性学习，然而他们的学习进度还应按课程的规定循序渐进。教学应依据学生的最近发展区理论确定，即课程所规定的知识与技能，应该是学生必须借助教师的帮助才能掌握的内容。

李芒、时俊卿编著的《教与学策略的理论与应用》指出：教师日常需要作出的两个最重要的决策，它们是"教什么"和"怎么教"，教师在工作中所做的每一件事，都必须围绕这两个要素进行，而操作这两个要素实际上就是一个教学策略问题。

项目研究起步阶段，我们通过不断思考、探讨，以及听取专家意见，于是决定从源头备课抓起。2014 年 9 月，结合教师实际情况，确定了研究专题：有效提问。

（一）确定学年研究重点，提高校本教研质量

课题研究一定要有规划。教务处根据"有效提问"课题研究的进展进行切分，确定每学年的研究重点，这样每学期制订教学计划时，不仅能够研究有侧重，而且经过每学期的探究，还会取得实质的进展。如表 3-2 所示。

表 3-2　年度研究计划

学年度	研究重点	研究内容
2015—2016	基于课标，设计有效提问	1. 核心问题的框架设计。 2. 提问的准确性（表述、时机、符合学情等）。
2016—2017	基于学生质疑，进行有效提问	1. 提高导学三单设计的实效。 2. 学生质疑能力的培养。 3. 梳理质疑，精心设计教学问题。
2017—2018	关注学生实际获得，进行有效提问	1. 多种途径，了解学情。 2. 注重关联，提高教学实效。
2018—2019	提高课堂提问的反馈实效	1. 提问后的反馈预设。 2. 设计具有针对性且丰富的反馈形式。 3. 提高拓学环节反馈实效。

此外，为了提高研究实效，教务处制定了两份课堂观察量表。一是围绕教学主要环节：导入、新授、过渡、练习、总结等环节，观察与分析教师提问；二是围绕教学重点，设计《教学框架问题量表》，观察教师关键问题提出的时机、反馈实效等。

常规听课时，教师要准备一张听课单，内容包括教学目标、重难点、学情分析、三分钟、核心问题、导学单、板书等内容，也是促使老师在备课时，重视研读教材，重视学情分析。

（二）以课题研究为主线，提高科研项目绩效

截至目前，我校共引进和参与市区级项目达到 9 项。为了提高项目研究实效，我校将"有效提问"这项研究专题作为一条主线，将其有机串联起来，引领教师进行研究。既整合项目资源，跟课堂教学紧密结合起来，同时安排项目负责人，及时联络与通知，为老师提高教学质量服务（如表 3-3 所示）。

这些项目，只有根植于我们的课堂，才会真正鲜活起来。整合资源，不仅减轻了教师负担，而且为老师搭建了更多交流、展示的平台，促进课堂教学水平的提升。

表 3-3 课题研究情况

项目名称	研究重点	具体整合点	负责人
基于学习者分析,教与学的策略研究项目	课堂有效提问策略	导学三单设计与运用	白海东
手拉手项目	精准帮扶,促进教师专业技能的提升	准确制定导学三单,精简课堂提问	白海东
学校阅读促进与推广项目	丰富导读策略,培养学生阅读兴趣与习惯	关联阅读(关联课内外阅读;关联同主题阅读)	刘靖思
英语阅读项目	学生阅读能力训练	绘本阅读指导与听说能力训练	郝利波
互动反馈技术系统	研读教材,准确进行按点设计与反馈	有效提问,确立按点	曹新

总之,经过多年的研究,"有效提问"的理念已经深植于教师的头脑之中,不仅促使教师认真研读教材,精心进行教学设计,而且逐步做到了以学生为本,课堂教学质量也是大幅度提升。近 3 年来,我校在区级检测之中,成绩均在中值以上,得到上级领导的肯定和好评。每一项成绩的取得,都是我们继续努力的起点和动力,我们的研究永远在路上。

三、借助项目推进"五个强化点"

通过课题及引进的项目,根据学校发展和教师自身实际,落实和推进"五个强化点",让老师们在日常教学之中有抓手、有跟进、有效果,从而逐步形成学校教研特色。

(一)强化教师教学目标意识

准确制定教学目标,不仅是一项教学基本功,更是提高课堂教学实效的前提。但是教师普遍存在的问题就是没有重视教学目标的制定,照搬教参的现象居多。

为了改变这一现象,学校组织进行了关于教学目标制定的系列校本教研活动,主要包括理论学习、学习课标、案例修改、修改教案、教学设计评优等,取得一定进展,增强了教师围绕三个维度制定目标的意识。此外,学校在常规听课时,教师要准备一张听课单,内容包括教学目标、重难点、学情分析、三分钟、核心问题、导学单、板书等内容,也是促使老师在备课时,重视研读教材,重视学情。

（二）强化落实专项技能训练三分钟

2016 年 9 月，学校开始推进课堂专项技能训练三分钟环节的落实，既是知识、内容的衔接，更是对学生综合表达能力的训练。语文学科重点进行古诗词、成语、经典故事等内容的积累；数学侧重新旧知识的衔接；英语重在口语表达等。

目前，这个环节的实施仍存在一些问题，主要是对于学生表达和自信的培养不到位。这也是我们今后进一步改进的方向。

（三）强化推进导学三单的研究

新课改提倡让学生掌握新的学习方式。我校推行导学三单，就是为了培养学生自主探究与合作学习能力。具体是：课前预学单、课上助学单、课后拓学单。设计好导学三单，就需要教师认真研读教材，设计学习活动，这与校级课题"有效提问"是紧密联系的。

三单联动，就是一课的良性循环；每一课都走入良性循环，最人的受益者就是学生。

课前预学单——导疑：预学单主要是语文学科在探究。其改变以往的预习方式，更加注重学生收集与整理信息、自主读书、质疑能力的培养。

课上助学单——导思：学生根据任务提示，进行自主探究学习。

课后拓学单——导用：一节课不能止步于 40 分钟，课后，应该让学生运用所学知识技能，进行拓展练习，解决实际问题。语文教师根据授课内容，布置练笔、阅读与思考、实践等活动；数学老师要设计具有一定思维空间的题目，引导学生进一步探究等。

（四）强化关注学情

2017 年始，小教科提出了教研专题：关注学情，注重学生实际活动。这就要求教师要以学生为主体，研读与把握教材。我们要求教师在"课前""课中""课后"三个时段，通过观察、访谈、测试等方式，了解学生学习情况，进行学情分析。

1. 基于预学，进行有效提问

中高年级的语文预学单，包括字词书写、课文了解、查阅资料、质疑问难等。教师在新授前，就会参考学生的预学单，整理学生在字词掌握与书写方面，哪些是易错字，哪些词语学生不会；独立阅读，是否了解主要内容等，然后在课上予以针对性指导。不再像原来，不知道学生是否掌握，想当然地进行提问。

2. 基于质疑，进行有效提问

古语说："学起于思，思源于疑"，培养自主学习意识，它的着力点就是"问题"。明代学者陈献章《论学书》提及："前辈谓学贵知疑，小疑则小进，大疑则大进。疑者，觉悟之机也，一番觉悟，一番长进。"

学校要求课堂教学之中，教师必须要设置质疑环节，目的就是引导学生开阔思路，自主进行思考。课堂的提问，应该顺应学生的视角，启迪学生的思索。预学中，就有质疑一项，语文教师从内容、中心、写法三方面，梳理学生的问题，总结学生对哪些内容感兴趣，哪里是学生自己不能独立读懂学会的等，然后进行设计问题，顺应学情，以学定教。

例如《七颗钻石》一文，学生纷纷提出为什么木桶会发生这么多的变化，为什么会射出七颗钻石，而不是别的等。于是老师设计的问题就是：木桶是在什么情况下发生的变化？你感受到了什么？请你结合实际想一想：钻石什么特点？为什么作者最后写到射出七颗钻石？然后放手让学生自读自悟，学生不仅得到了答案，在情感上更是得到了升华。

3. 关注课中学情，进行指导

课堂教学不是按照老师的教案发展进行的，总是出现各种生成。这种动态生成，就是学情。教师应根据学生的学习状态，随时调整教学进度及问题的设置。

例如学习《翠鸟》一课，当学习第二自然段时，老师让大家自己读书，思考：从哪里能够体会到翠鸟捕鱼时动作很快？一个学生突然问道："翠鸟为什么能够很快发现和捉到小鱼？"这是学生真实的学习状态，就是他感兴趣的地方。于是老师调整了一下问题：翠鸟捕鱼本领高强，大家一起再读读第一自然段外形的描写，你是否有新的发现？于是，学生再读课文，惊喜地发现了翠鸟外形与生活习性的联系。老师趁热打铁：先写第二自然段，再写第一自然段好不好？学生结合理解，体会到描写顺序的重要性。

4. 关注课后学情，进行指导

我们通过拓学单，指导学生利用课上所学，能够独立思考并解决问题。拓学单的完成质量，也是学情的一种体现。学生是否能够完成，并且准确，是对课堂所学知识的一种印证。因此，老师们都会组织学生进行反馈交流，这样，就保证了每一课达到一个良性循环。

通过不同时段的学情分析，教师便于把握学生的逻辑起点和现实起点，也便于把握学生的大众起点和个体起点，更有效地开展课堂教学。

四、强化关于中华优秀传统文化课题的探究

近年来，党和国家高度重视中华优秀传统文化的弘扬和传承。重点立项课题《小学语文课堂教学中进行中华优秀传统文化教育的有效策略研究》，主要就是促进教师对于传统文化的重视，加强有效指导策略的探究。在课题引领下，我校带领教师开展了以下研究。

第一，分段设置子课题。学校以年级段为单位，分别设置了子课题，同时设置共性研究课题，带领老师一起探究（如表3-4所示）。

表3-4　课题具体分工

年级段	研究子课题	研究重点
低年级	识字教学中渗透优秀传统文化的行动研究	字源字理识字；构字方法
中年级	古诗词教学中渗透优秀传统文化的行动研究	体会意境，提高学生想象力
高年级	优秀传统文化经典作品赏析	品读作品写法
共同研究主题	1. 学科实践活动中进行优秀传统文化的行动研究 2. 国学经典作品诵读策略 3. 课外阅读指导过程中进行中华优秀传统文化教育	

教研组内，老师们通过课例研究、专题学习、案例研讨等方式，共同研磨，形成了浓厚的研究氛围。

第二，梳理教材资源。为了做好本项课题的研究，首先就应让老师亲自梳理教材之中的关于传统文化的相关教育内容资源。因此，语文教师细致梳理了教材之中的传统文化资源，力求做到心中有数，备课时要加以注意。

我们把课本内的传统文化资源，大致分为15类：1 汉字列举（汉字造字方法——象形字、古体字、会意字；标点符号；同音字和多音字趣闻等），2 古诗，3 辞赋，4 文言文，5 成语，6 对联，7 熟语（歇后语、人生格言、谚语等），8 名著，9 国学启蒙（《三字经》《百家姓》《千字文》《论语》《声律启蒙》），10 神话传说，11 古代艺术、科技，12 历史人物和故事，13 物质文化遗产，14 历

法与习俗，15 爱国主义传统和革命战争传统（近现代革命、国家领导人、祖国统一）（如表 3-5、表 3-6 所示）。

表 3-5　语文　年级　册中华优秀传统文化资源梳理单

负责教师：

序号	内容	页码	分类	备注
	如果是古诗，要具体到每首诗题目、诗人、朝代			

表 3-6　各年级中华优秀传统文化部分题材统计

年级	古诗（首）	文言（篇）	国学经典（篇）	古代经典名著（篇）	经典戏剧（篇）	识字
一年级	14		5	1		汉字造字法——象形字、形声字、会意字
二年级	20	2	2	1		汉字造字法
三年级	16	1	3			
四年级	12	2				
五年级	8	4	1	2	1	
六年级	8	2	1	1	1	汉字造字法

第三，初步研究成果。

一是古诗教学探究。古诗教学是个难点，对于教师的教学语言和驾驭教材的要求较高。为此，老师们迎难而上，进行了较为深入的探究。如表 3-7 所示。

表 3-7　课标中各年级段关于古诗文教学基本要求

年级段	背诵优秀诗文（篇段）	阅读教学要求
低年级段	50	诵读儿歌、儿童诗和浅近的古诗，展开想象，获得初步的情感体验，感受语言的优美。
中年级段	50	诵读优秀诗文，注意在诵读过程中体验情感，展开想象，领悟诗文大意。
高年级段	60	诵读优秀诗文，注意语调、韵律、节奏等，体味作品的内容和情感。

我校教师经过探索，初步总结出一套古诗词教学模式：理解—欣赏—诵读—积累—运用。

理解：按照一定的学习方法，即：解诗题，明诗意；品诗句，想意境；知背景，悟诗情。然后借助导学三单，引导学生自主学习，了解古诗大意，掌握相关重点词句意。

欣赏：教师通过图片、视频、课外文字资料等途径，带领学生感悟与欣赏古诗词优美的语言，深远的意境，遣词用字的精妙，以及古诗词中蕴含的文化。

诵读：明代王骥德在《曲律》中明确阐述了用韵与情感表达有关。学生通过多种形式诵读，体会古诗不同的押韵特点，感受押韵与情感表达的微妙关系，加深对古诗词的理解。

积累：教师会根据所学内容，提前让学生进行相关积累，主要包括同一诗人的作品、同一主题的作品、同一主题不同风格的作品等，指导学生进行诵读，拓展积累。

运用：在学习完古诗之后，教师非常重视古诗词的实际运用指导。如为古诗词配画、绘制主题手抄报、想象续写等。

老师们还总结出诵读策略、想象策略、关联策略、练笔策略、对比学习法、拓展实践法等。

二是识字教学。低年级因为年龄特点，重点放在识字教学模式的研究。为此，我校低年级语文老师探究出自主识字六步法模式，即 1. 借助拼音，读准字音；2. 观察结构，识记字形；3. 笔顺示范，正确书写；4. 书写指导，掌握规则；5. 关键笔画，书写漂亮；6. 组词造句，着重运用。为了帮助学生能够识记这么多的汉字，老师们想出很多方法：儿歌识记法、字源字理识记法、结构加减法、故事想象法、字族识记法、对子识记法等。

三是传统戏剧唱词六步法赏析策略。目前，我们使用的语文教材之中，只选取一篇课文涉及传统戏剧，即第九册《京剧〈赤桑镇〉选段》。京剧是国粹，但是存在的问题是多数学生不了解，甚至是不感兴趣。老师在教学《赤桑镇》一课时，采用六步法激趣、感悟与赏析。

课前预学——了解。课前布置预学任务：从京剧知识、人物等多角度收集资料。

初步感知——读通。这段唱词长句较多，恰当停顿是个读的难点。因此教师加入换气符号，指导学生正确断句，读通文字，然后质疑。

话题讨论——读懂。初步感知基础上，了解唱词大意，主要分为三部分，层层递进。

专题探究——读深。针对重点，提出关键问题：包拯是一个怎样的人？学生结合诵读和补充资料，解疑释疑，逐渐树立起包拯刚正不阿、秉公执法的人物形象。

　　欣赏学唱——感悟文化。唱词不仅朗朗上口，而且节奏鲜明，表明包拯不枉私情的品质。陆老师很喜欢京剧，课上进行清唱；欣赏大师的演唱，通过脸谱、唱腔等多角度，感悟京剧魅力。

　　课后实践——研究拓展。选择作品中有价值的话题，小组合作，完成任务。

第四章

班级管理与文化构建——
班主任成长的摇篮

第一节　班级文化的内涵及在班级
管理过程中的作用

一、班级文化的内涵及育人价值

（一）班级文化的内涵

班级是学生成长的重要领域，是学校文化传承与转化的基本场域。班级文化由班级成员共有的信念、价值观、态度等所复合而成，是一种能够引导学生健康发展的无形的教育力量，直接影响着学生在班级的生活质量和个性发展。班级文化，是学校文化有效实现与转化的关键。班级作为学校基本的教育教学实践组织，具有重要的育人价值，提供给孩子社会交往的初体验，是相对于孩子一生成长而言最有记忆的地方。健康的班级文化，可以为孩子提供集体生活的安全感、归属感以及自我存在感。

班级文化的具体内涵是指在党和国家的教育方针、培养目标的指引下，班级所有成员在班主任的具体引导下，在朝着班级共同目标不断迈进的过程中，用智慧和实践所创造出的物质财富和精神财富的总和。班级文化按照层次可分为班级物质文化、班级行为文化和班级精神文化，其核心是精神文化。物质文化：是指通过肉眼能直接观察到的东西，是有形的，如桌椅摆放、教室布置、内务整理、学生着装等。它靠行为文化维护，是精神文化的外在表现。行为文化：是指班级成员在班级日常生活中以具体的行为准则来约束自己的言行，使之朝着教育培养目标方向发展，既符合个人利益，又符合班级群体利益的具体行动。行为文化是良好物质文化的保障，是精神文化的外在表现。精神文化：是指在实践过程中被班级大多数成员认可的共同的世界观、人生观、价值观及理想信念、生活态度等意识形态的东西，它必须符合社会主义核心价值观，符合学生个体发展需求和社会对人才标准的要求，是一个朝着理想目标不断接近的过程，是无形的，也是最核心的，它是班级全体成员思想观念的集中反映。

班级文化主要有教育功能、凝聚功能、制约功能和激励功能。教育功能是班级文化的首要功能，也是区别于其他组织文化的最主要特征。班级文化虽是无形的，但又是无所不在的，就像"润物细无声"的春雨，滋润着学生的心田，陶冶着学生的情操，塑造着学生的灵魂。凝聚功能，班级文化的凝聚功能主要表现在，班级文化能把班级成员的个人利益与班级的命运和前途紧紧地联系在一起，使个人与班级"同甘共苦"。这种共同的心理意识、价值观念和文化习性会激发成员对班级目标、准则的认同感和作为班级一员的使命感、自豪感和归属感，从而形成强烈的向心力、凝聚力和群体意识。制约功能，班级文化所形成的规范体系，制约着学生的言行。这种规范一旦形成，就会成为一种强大的力量，使班级成员都能自觉地约束自己，让自己的行为符合班级规范。激励功能，班级文化的激励功能主要表现为，班级文化能为每个班级成员提供文化享受和文化创造的空间，提供文化活动的背景以及必要的活动设施、模式与规范，从而有效地激发和调动每个成员参与班级活动的积极性、主动性和创造性，使其以高昂的情绪和奋发进取的精神积极投入学习和生活中去。

（二）班级文化的育人价值

班级文化具有一种无形的教育力量。它是学生受教育最直接、最重要的影响之一，新课程的主旋律是"为了每一个学生的发展"，学生在有特色的班级文化中更能够实现张扬自己的个性并实现自身的全面发展。积极健康向上的班级文化在学生性格形成及思想品德的培养方面起到启示、诱导的作用，此种教育方式不容易引起学生的反感，学生能够在积极健康、自然欢乐的班级文化氛围中获得教育。班级文化是在学校文化的背景下构建的，与学校的办学理念、育人目标、核心价值观相一致，是各个班集体有目的、有计划地对学生进行教育，符合大课程观所倡导的课程内涵和课程发展方向。

1. 班级文化的德育价值

班级文化建设是形成良好班风的载体和平台。在一个具有良好班风、深厚文化氛围的班级中，学生们会自发形成团结互助、积极奋进、和谐友爱的良好风气。一个具备良好班风的积极向上的荣耀班集体更能够激发学生的集体荣誉感和自豪感。良好的班级制度文化会督促学生在班集体中学会守规矩、懂担当，按照班集体的要求规范自己的行为。良好的班级精神文化具体体现在班风、班训、班级目标等方面，班级文化的影响是无形的，班级文化规范引导着学生道德素质和道德人格的养成。班级文化的德育价值是十分丰厚的，值得教育者对班级文化进行深挖掘，充分发挥班级文化的德育价值，使班级文化能够最大限度地发挥其德育功能，将班级文化与德育结合起来，挖掘班级文化的育人价值与潜质，协助教育者完成育人目标，将班级文化归纳整理成一种独具特色的课程资源，使其具有稳定性、创新性和一定的传承性。

2. 班级文化的智育价值

班级设置读书角、定期更换板报内容、班级张贴激励标语，学生通过这些班级文化展示，汲取知识，获得潜移默化的影响。班级有计划、有目的地开展促进学生个性发展的特色主题实践活动，让学生能够置身于适合自身发展的班级文化氛围中。班级主题实践活动的开展，需要发挥每位学生的聪明才智，将班级活动的主动权交由学生，学生们集思广益、发挥创造性思维，调动全身的热情，举办活动的过程中能够激励学生学习新知识、新技能。例如通过开展辩论赛、演讲活动、戏剧表演、史诗朗诵、技能比拼等趣味活动，能够全方面发展学生的各项能力。班级文化可以有效地将各个年级不同阶段提高学生智力水平的目标结合起来，将班级文化纳入学校的课程体系中，协助学校完成本阶段的育人目标。

二、班级文化在班级管理过程中的作用

（一）班级物质文化，营造和谐育人现场

班级是育人的重要场所，是隐性课程资源的重要载体。班级物质文化是班级文化水平的外显形式，具有"桃李不言，下自成蹊"的隐性教育功能和教育

效果。班级物质文化要体现班级文化所倡导的精神风貌、班级精神、价值理念，使得学生能够在良好的物质环境中获得潜移默化的教育影响，使得班级这一关键的育人现场能够发挥隐性课程的重要功能。苏霍姆林斯基曾经说过："无论是种植花草树木，还是悬挂图片标语，或是利用墙报，我们都将从审美的高度深入规划，以便挖掘其潜移默化的育人功能，并最终连学校的墙壁也在说话。"教室美化有益于营造学生身心发展的教育氛围，在美化教室的过程中，学生作为主人翁发挥聪明才智进行积极装扮，教师鼓励学生们对教室进行设计，能够训练学生的思维能力，调动学生的积极性。

（二）班级精神文化，激发班级文化场能

班级精神文化是班级文化的核心，其主要呈现形式包括班级目标、班级愿景、班歌、班训等。它规范、影响着每个学生的行为，能对学生产生潜移默化的教育作用。良好的班级精神文化，使学生能够在良好的精神文化氛围下受到熏陶、得到教育。班级精神文化的主体是班风，良好的班风能够增强班级的向心力，激励班级成员，使班级成员在心理上产生内在的推动力。班训、班风的形成要根据学生特点、班级特点进行总结提炼，教师在教学过程中要注意进行正确适时的学生评价，使学生能够感知到是非对错，潜移默化地按照老师的引导来学习和做事。班风、班训、班歌是班级精神文化的重要组成部分，只有班级精神文化的场能得到充分的激发，与育人目标达到有效的结合，才可以进一步助力育人目标的实现。班风、班训、班级核心价值观是由师生共同特点和状态而形成的，班级精神文化来源于学生本身，这些精神文化可以在师生日常交往中和学生成长过程中不断丰富。教师可以以班级精神文化的核心价值观为根，对学生进行教育引导，使学生能够在成长过程中受到带有班级特色的深厚文化影响，自觉形成良好的班级文化氛围，有利于班级凝聚力的形成。

（三）班级文化理念，引领班级主题实践活动构建

班级主题实践活动是有计划、有特色并且主题突出的班级活动，其最终目的是让学生在主动参与策划的过程中学会自我教育、自我发展。班级主题实践活动要在学校文化、班级文化的引领下进行规划设计。班级主题实践活动要结合班级学生的特点进行选题，活动的实施策划及结果反思都要进行评价反馈，活动实施过程中的每个环节都是一个生动有效的教育过程。主题实践活动具有十分重要的教育意义和价值，关于主题的立意、选题、讨论以及组织都要经过

师生共同努力，学生在活动中学习并且成长，主题实践活动能够有效地践行班级文化理念，将班级文化理念通过具体的实践活动内化于学生心中，使学生更容易理解班级文化内涵和主旨，更有利于打造有凝聚力、有精神内核的班集体。

（四）班级制度文化，建设良好班级组织

班级组织就是一个小社会，一个健康向上、秩序良好的班级组织可以为学生适应社会生活做好充分的准备。在班级中的师生交往和同伴交往以及集体生活中的各种制度规范等，都为学生提供了一个很好的受教育和应对集体生活的教育环境。班级制度文化建设可以为学生提供分辨是非、自我约束、行为规范的内在尺度。良好的班级制度文化使得学生能够在社会化的过程中，树立起正确的价值观和人生观。

第二节　班主任——班级管理和班级文化建设的核心

良好的班级文化对学生个体的正向发展具有极其重要的推动、促进作用，通过班级良好的文化建设推动学校的校风、学风的长期发展，形成学校特色的育人文化氛围，形成学校的一张名片；反之，则会制约学生个体、学校日常管理及学校长远的发展。要大力推进班级良好文化的建设，关键是要选拔出合格的、强有力的班主任团体。班主任是国家教育方针、学生守则和规范、学校教育教学方针、校纪校规等的直接执行者，班主任对各方面制度、工作落实的执行力，直接关系到学校各项工作实施效果；班主任的开创性管理工作，又进一步促进工作的落实执行。

俗话说，环境造就人，人的个性发展是丰富、有力而富有弹性的，是可塑的。尤其是小学学生，他们的年龄一般在 6～12 岁之间，是人的生理和心理飞速发展的一个阶段，这也势必会对其原有的习惯产生深刻的影响，从而在原有的基础上发生深刻的变化。因此，在这一阶段，他们所成长的环境很大程度地影响着他们身心的发展。俗话说："一只狼带一群头羊能使这群羊变成一群狼；一只羊带一群狼会使这群狼变成一群羊"。在教育教学实践中可以体会到，班

主任的性格对班级的影响很大，什么样的班主任带出什么样的班级和什么样的学生。也就是说，班主任对学生具有重要的潜移默化作用，班主任的性格特点很大程度上影响着班级的个性，它影响着班级的发展潜力和方向、班级的凝聚力、学生的学习态度和冲劲、学生的爱好取向等方面。在班级文化建设的过程中，班主任是全班的总指挥，这主要体现在班主任的教育理念、审美情趣、管理理念及言传身教等方面。

一、班主任的教育理念与班级精神文化建设

苏联教育家加里宁说过："教育是对于受教育者心理上所施行的一种确定的、有目的的和有系统的感化作用，以便在受教育者的身心上养成教育者所希望的品质，如培养一定的世界观、道德和人类公共生活规范，养成一定的性格和意志、习惯和兴趣，发展一定体力上的本质等。"说到教师，我国唐朝著名文学家韩愈在谈到教师的重要作用时也说："师者，所以传道，受业，解惑也。"由此可见，教师自身的素质和教育理念，在很大程度上决定着教育的方向和成败。作为一名教师，特别是班主任，首先应该有自己的治理班级和教育管理理念，才能在班级文化建设中，既有继承，又有发扬地实施具有自己特色的班级文化举措，同时在教育教学的过程中，也能既有共性，也有个性地实施教育管理手段，让自己所任教的班级有正确的舆论导向，形成良好的班风和学风，从而提高学生学习的积极性。

（一）良好班风是班级文化建设的关键（案例一）

1. 给学生一个民主自由的空间，让学生明白自己的责任

班级活动中每个孩子有自己的责任：保持环境卫生责任、维护集体荣誉责任等，怎样让学生认识到自己的责任呢？一年级的孩子入学以来，班上的卫生一直收拾不好，经常有人忘记了自己的分管任务，我在班上做了很多次工作也不见成效，于是我就把问题抛给了学生，让学生帮助解决。班会课上我把卫生区划分好以后，让学生自己来认领，孩子们都选择了自己想干的事情，因为是自己的选择，所以每个孩子都有了强烈的班级责任感，经过一段时间，他们都能认真完成自己的打扫任务，从此以后班上的卫生情况好了。通过这件事我明白了现在的学生不是管出来的，而是要一步步地引导，哪怕是一年级的孩子也是如此，所以在班级里给学生一定的权利、相信孩子的能力、让学生明白了自

己的责任更有利于良好班级风气的培养。

2. 关注班级舆论，给班级舆论正面的引导

班级舆论就是班级里的每个成员对社会上的问题、对学校生活中的问题、对班级生活中的问题发表自己的意见、发表评论。在这些意见评论中往往存在着一些不健康的、消极的因素，阻碍了班级良好风气的形成，作为老师要及时发现这些情况并及时做好引导。有一段时间，我听到班上有这样的话：美术老师和品生老师从来不管我们，我们可以想干什么就干什么。班会课上，我让大家讨论一下我们的老师，你觉得品生老师和美术老师是怎样的人？孩子们想了一下纷纷说了自己的想法，有的说是很善良的人，有的说是脾气很好的人，还有的说其实两位老师挺爱我们的。我又接着说："是啊，两位老师给我留下的也是这样的印象，总结一下我们刚才说的，你认为两位老师的优点多还是缺点多？"大家又积极地说："当然是优点多啦！"我赶快接着他们的话说："看来两位老师在大家的眼里都是好老师，但是在这样的老师的课堂上，你是怎样做的？"教室里没了声音，我又接着问："在课堂上，你是这样的表现，两位老师冲你发脾气了吗？"孩子们怯怯地说："没有！""你知道吗？这就是老师对你的尊重！"我注意到教室里几个带头捣乱的孩子的眼睛不太敢看我了。我又接着说："老师不发脾气并不代表老师不生气，老师那是觉得对你大声地呵斥是对你的不尊重，老师这样尊重你，你尊重老师了吗？"一些孩子抠着指甲不敢抬头。"你觉得怎样才是对老师的尊重？"听到这句话，孩子们仿佛觉得紧张的气氛松弛了下来，把头抬了起来刚想说自己的想法，我又说："那把你最想说的话写在你的日记本里！"剩下的时间里，他们谁都没有说话，都低着头认真地写着，我觉得孩子们真的认识到了自己的错误。看了他们的日记以后更是让我感动，一个孩子写道："我们就像小树，老师会时时关注我们，给我们浇水施肥，但也要老师把我们扶正，帮助我们改正缺点。"班级舆论需要引导、需要组织，给消极舆论正面的引导，经常给学生一个积极的话题，灌输一种向上的精神，让班级蓬勃健康发展。

（二）行动表达态度，良好学风建设（案例二）

学风是求学的环境，是学生学习的保证；优良的学风给我们创设了顺利成才的条件。创建优良班风学风，是我们的立班之本、求学之源。端正学习态度，明确学习目的，养成良好的学习习惯，增强学习的积极性和主动性，每位学生

秉承"用你的行动表达你的态度"的理念，力求做到"乐学、善学、勤学、会学"。

（1）课前准备习惯。做好课前准备是上好课的基本条件。每天由值日生负责检查，任课老师要严格要求，加强训练，持之以恒，使学生一上课就能投入学习。

（2）认真听课、积极思考的习惯。课堂教学是学生增长知识的最基本途径，上课认真听讲、积极思考才能真正实现接受新知识，提高学习成绩。课堂学习时要求学生做到：专心听讲，不讲废话不做小动作；听课时积极思考，要一边听一边想并适当做些笔记；不懂多问，积极参与课堂讨论；别人发言时要认真仔细地听，虚心学习，取长补短。

（3）预习、复习习惯。预习是学生学习的起始环节，课前预习是一种学习方法，也是培养学生自学能力的有效方法之一。我要求学生在每次上新课前自觉地进行预习，完成"读、查、想、问"四项基本学习任务，为上好课打下基础。学习完每一课，及时在积累本上复习整理，温故而知新，知识掌握更牢固。

（4）作业检查习惯。作业有助于巩固、消化所学的知识，把知识转化为技能，因此应要求学生做到：书写工整，字迹清楚，格式规范，卷面洁净。作业本第一页空着，留作记录这一本作业的书写质量、正确率的成绩，给学生一个直观的比对，使他们更加认真完成作业，并进行细致的检查，不但养成了好习惯，还提高了学习质量。

学风建设是学校永恒的主题，是全面贯彻党的教育方针，是学校实现培养目标的重要条件，是衡量办学水平的重要标志。态度决定行为，"用你的行动表达你的态度"形成良好的学风是一种潜移默化的巨大而无形的精神力量，时时刻刻都在对学生产生着强烈的熏陶和感染，激励学生奋发努力，健康成长。

（三）"和悦"文化促成长（案例三）

1. 班徽的设计

我们的班徽整体是一个圆形，象征着三（2）班是一个圆满的集体，在这个红色的圆上写着"民族小学，和悦成长"，这与我们的校训和班训遥相呼应。在圆的中心是一个帆船的形状，也代表着三（2）班的"2"，同时也代表着三（2）班正在扬帆起航。

2. 班训的生成

班级文化的建设要以校园文化为导向才能与之相融并促进自身的发展。我

校的校园文化是以 "和悦"理念为指导的。因此，结合我班实际情况，并通过民主协商，推出了我班班训——勤学守纪，健康成长。让班训成为班级文化的灵魂，在班训的引导下营造和谐氛围，要求每一个学生都要勤奋学习，遵守纪律，健康成长。

班训是一个班集体的灵魂，是一个班集体目标的凸现与浓缩，是一个班集体团结一致、奋发向上的精神原动力。作为班级文化建设的一项奠基工程，班训有约束作用，也是一种善良的警示；班训有激励作用，也是一种温和的规劝；班训有教育作用，也是一种亲切的教诲。我班班训"勤学守纪，健康成长"既是我班班级文化的缩影，也彰显了我校的和悦教育。

3. 爱的合约

制定了班训如果不去实践，便形同虚设。班级文化的生成离不开师生、生生的交流互动，而班级文化，正是靠着共同的合约来形成的。因而在班级文化的建设中我与学生共同制定了班级公约，承诺一起遵守约定，建立良好氛围的班集体。我们的班训是上课要认真，纪律要遵守，作业要工整，举止要文明，卫生要保持。这样几句话，包含着老师对学生的期望，也包含着学生对老师的承诺，我们叫它"爱的合约"。

（四）"书香东方"班级文化建设（案例四）

本学期我在我校生命教育的办学理念的引领下，进行了"书香东方"的班级文化建设，意在使学生读好书、好读书，让他们沐浴在书香里，浸润在文化中，为学生的成长奠定良好的基础。

1. 兴趣——为学生营造良好的读书环境

"蓬生麻中，不扶自直；白沙在涅，与之俱黑。"良好的环境起着春风化雨、润物无声的作用。好的环境就是一部立体的、多彩的、富有吸引力的教科书。营造浓郁的读书环境对激发学生的读书兴趣是十分重要的。

（1）多种形式，加大读书宣传的力度。让教室始终弥漫着幽幽书香，让读书的气氛经久不衰，班主任老师在读书宣传上加大了力度。首先是召开了"和好书一起成长"的主题队会。会上队员们用男女对读的形式向大家宣传了读书的重大意义。还有的队员配着音乐朗诵了优美的诗歌、感人的故事……我向学生推荐适合他们的书。其次在班中设置了"我是小书迷"的评比栏，意将每月读书最多、收获最多的队员的相片张贴在教室后边的黑板报上进行表彰。还召开了"和孩子一起读书"的主题家长会。家长会上,我请班里的两个朗诵高手,以朗诵的形式,让家长明白阅读的重大意义,让家长支持学生读书,为学生买书,并和孩子一起读书、交流。另外,我校的红领巾广播站周五准时播音,大队干部总能挑选优秀的读后感在全校播出。这大大激发了孩子们阅读的积极性。

(2)制订读书计划。美国教育家曼恩说:"习惯仿佛一根缆绳,我们每天给它缠上一股新索,要不了多久,它就会变得牢不可破。"为了让"热爱书籍,享受阅读"的理念根植于学生的心里,我和学生们制定了"21 天读书计划表"(因为一个好的习惯需要 21 天养成)。

六一班 21 天读书计划表

每天背一首诗,每天读一小时书 。

每天由班主任或大、中、小队干部组织学生利用几分钟的时间交流昨天的读书收获,共享读书之乐。

(3)布置好教室环境。教室是学生每天学习、生活所离不开的地方,因此,要在精心布置教室上多下功夫,让物质为精神服务。教室里的布置合理、大方、雅静,富有书香班级氛围,富有班级特色。因此,在本班教室环境的布置上,我也是紧紧围绕读书这个主题。在班会上,我和学生们进行了班训的大讨论。"读一本好书,交一个好友""书声琅琅,伴我成长""阅读——睿智"……最后我们选择了浅显易懂的"读万卷书,行万里路"作为完美的班训书写在教室后的黑板上。以小队为单位,每月均选送优秀的习作,读书心得小报、新书推介、读书随想等有感而发的佳作,张贴于班级板报。每当新作发表的时候,总能看到孩子们争先恐后地观看,你一言我一语,评评谁的作品好,谁的作品感人。

(4)把讲台变成故事乐园。讲台是教师的特殊领域,是孩子们每天无数次观望的地方。作为教室里的重要存在,应该赋予其崭新的形象与功能。我把它作为"书漂"站,每天有意地让一些好书躺在讲台上,让队员在无意识中与之相遇,与之成为朋友。

2. 选择——为学生提供精致的文化甜点

"读什么书"是学生获取精神食粮的关键。我总是想尽一切办法为学生们提供好书。

(1)班主任选书。每到节假日,我总会抽出一定时间,走遍市区的大小书店,为学生精心选择图书。在内容上选择那些知识正确易懂的、富有文学性的、充满想象力的、健康的、适合学生知识水平和能力的图书。在图书的表现方法上，选择那些叙述上能丰富儿童心理，富有一目了然的照片、绘画、图表的书籍。在外观的选择上，则是那些装订、开本、纸张都适合学生翻阅的图书。当我选择好了图书以后，还会把书名、作者、出版社、价钱等主要信息抄录下来，打印在纸上发给学生们，供他们选择。

（2）学生之间互荐。俗话说："一个人的力量小，集体的力量大无比。"在前两个办法的基础上，我鼓励学生之间互荐好书，让一本好书成为大家共同的朋友，享受分享的乐趣。

3. 时空——为学生提供自由的阅读天地

人们这样形容读书的快乐：精神自由的翱翔，想象力无拘的腾飞，心灵的旅游，超越时空的思索。如果不提供给学生阅读的时空，这一切快乐将无从谈起。

（1）开设阅读课。我与学生们商量，把每周二下午的第三节自习课定为每周的阅读课。学生们在这节课上可以把自己喜欢的课外书带到学校来，在自己的书桌上安安静静地阅读；可以把好的文章向同学推荐，可以向同学们展示自己的读书成果——把自己最喜欢的内容读或背给同学们听。有时学生们还会从网络上搜集一些轻音乐，在优美的音乐声中读书，更是一种美的享受。展示的同学甚至把自己朗读或背诵的内容做成了图文并茂的幻灯片。

（2）抓零碎时间读。鲁迅先生能把别人喝咖啡的时间用在写作上，我也鼓励学生抓紧一些不起眼的零碎时间来阅读。在课间上完厕所剩下的 5 分钟，我会和学生们一起，各自拿着自己喜欢的书，痴痴地读着。教室里静悄悄，但想象的翅膀会飞得很远。有时，我还会鼓励学生们说："做完作业剩下的几分钟读读书，也许你会找到更新颖的思路。睡前 5 分钟读书，也许会给你带来好梦。"平时，我还会充分利用晨检的 5 分钟进行美文推介，每天请学生依次按照学号，和着音乐为大家朗诵美文。

4. 运用——品尝读书的乐趣

学以致用。当学生读了一定数量的书后，我会尽量与学校协商，为他们创造展示才华的机会。当端午节来临的时候，与老干部局的退休老局长、老校长一起探讨屈原的人生，高声吟诵他的诗篇。在"庆六一，展风采"活动上，队员们朗诵收集来的描写汶川大地震的诗，使在场的人流下了感动的眼泪。在区级研究课前的几分钟，他们又纷纷走上讲台，朗诵自己的诗歌作品和自己喜欢的美文片段。

台湾作家龙应台在谈到什么是文化时说:"文化其实体现在一个人如何对待他人、对待自己,如何对待自己所处的自然环境。"独特的班级文化造就了与众不同的队员。大量优秀书籍的熏陶,使他们的一举一动都有着人文色彩。正如培根所说:"书籍是在时代中航行的思想之船,他小心翼翼地把珍贵的货物送给一代又一代。"不少老师都觉得我们班级的孩子很懂事。当无人在场的时候,他们会捡起地上的纸。为了不使楼道上留下水滴,他们宁可用未戴手套的手,拧干墩布上的水。然后双手抱着墩布走上楼去。许多事情学生都想到了老师的前面,我感到和他们一起生活的快乐。在每周的升旗仪式没开始的前十几分钟里,他们会像解放军战士一样站得笔直如松柏。我想在那一刻队员们的心里一定在想这样几句话:须白刃交于前,泰山崩于后,亦凛然不动,始得为立正。

(五)顺应学校文化,创建班级文化(案例五)

特色理念引领下的班级文化建设倡导的是:学校文化引领班级文化建设,以共同价值观,创建共同立场班级文化。因为班级的本质是学习共同体。班级授课制是顺应时代发展,为了满足社会对大量"知识人"的需要而产生的,又是为培养适应大工业生产的交往方式和建设民主社会的人的需要而形成的。所以,作为一个教育团体,班级本然的功能就是教书与育人合二为一的。

我校的办学理念是构建和悦校园,形成"和悦教育"文化,保持"好习惯,好未来"的校风,培养多元发展的有好习惯的和悦少年。在认同学校办学理念的基础上,为社会培养出优秀人才的信念下,我观察并思索了很久,发现班里的学生,甚至是班干部的自我管理能力稍差,便想如果一个人不能以身作则的话,别人是很难信服他的。而所谓自律,是指在没有人现场监督的情况下,通过自己要求自己,自觉地遵章守纪,来约束自己的一言一行。从这个概念来看,自律是一个非常严肃而又严谨的德育问题。因此,我的班级文化建设的核心便是"自律善思,自强不息",希望学生通过自我要求、善于思考来实现自身强大、生生不息的成果。只有学生自律了,才能帮助他人形成好习惯,才能达到和悦少年的基本标准,才能促使整个班集体形成和悦文化。

通过查阅相关研究资料,发现这些资料反映的是:小学生自律意识整体水平不高。归结起来,小学生自律方面的问题主要表现在这些方面:一是自律意识很淡薄,不知道自我约束;二是由于外部因素影响,学生行为养成的一些自觉行为容易反弹；三是某些方面由于被忽略而缺乏约束，朝着不可知的方向发展。

从小学生心理成长规律来看，上述问题的存在是符合他们这个阶段的特点的。所以，班主任首先要做的就是制定班徽、班训、班级公约，让学生整体都了解他们的习惯养成目标是什么，他们要达成一个什么样的状态，让学生在意识上认可班级共同的文化观念、价值观念、生活信念等。其次，我给自己制定了一个目标：使全班学生通过"他律—自律—律他"的过程实现自我管理，达到班级和谐。

班级的班徽描绘的是：一艘小船扬帆航行在宽广的大海上，海上激起了浪花朵朵，帆船的前方盘旋着几只洁白的海鸥。这里的小帆船象征着学生，大海和浪花象征着学生在学习生活中会遇到的困难与机遇，海鸥象征着给予学生指引的人，可以是父母、老师和同学，因为我们班是一班，所以我在大海中加入了一个词，这个词是阿拉伯语，也可以引申为回族语言，它体现了我们学校是具有民族特色的，是能够广包容、同发展的。

班语是：自律善思，自强不息。其意为：自我管理、勤于思考方可自我强大、生生不息。这里的自强可以是学生个人，也可以是整个班集体。考虑到学生年龄小的特点，我张贴在班里的是"我们的约定"，即班训，这样可以使学生有种为了实现和大家约定而努力的心情在里面，而不是一味地履行班训这个义务而被束缚，这个词语体现了一定的自主性，也体现了老师对每位学生的寄望。

"我们的约定"也可理解为班级共同的愿景，它包含两层意思：愿景是发自内心的，渴望实现的愿望；愿景要建立具体生动、可以看见的景象。班级共同愿景能够提高班级凝聚力。要想取得班集体建设的成功，就需要班级成员形成合力，减少内耗。班级共同愿景就像一块吸铁石，将个性不一的班级成员紧紧地吸附在一起，形成一股向心力，班级成员也自觉形成"班荣我荣、班耻我耻"的一种认同感。

学生是班级的一员，同时也是各个小组的一员，我把班里的一块黑板布置成了"闪亮之星"的主题板，上面有"习惯之星、学习之星、劳动之星"三个版块，目的是通过这种竞争的方式，让学生培养在学习、卫生、好习惯养成等方面的自律意识。如：班里的一个男生，他平时很调皮，但是卫生却做得很好，也很有兴趣，而且随着他上榜的次数越来越多，他在卫生劳动方面的威望也越来越高，我便让他做了劳动委员，让他在自律的时候也在律他，帮助别人，也帮助自己。

如果说，我们班劳动委员是一个"点"的话，那么全班参与到自律好品格的培养中来就是"面"，以点带面，形成全班的自律风气是构建班级文化的核心，也是根本。俗话说："读万卷书，行万里路。"读书不仅能让人积累字词，更能让人开阔眼界，在和学生共同讨论后，我们决定：每天下午第一节课前的十分钟，用来诵读《弟子规》，因为《弟子规》是中华之经典，也是适合小学生学习诵读的书籍。一周过去后，多数学生已经逐步地把《弟子规》背诵下来了，随着背下来的学生数量的增加，诵读的方式也发生着变化，从开始的全班集体读，到分组读，再到一人一句接句子的形式。这不仅体现了学生在努力学习，更体现了学生自我要求的提升与进步，他们向"自律"又迈进一步。

通过诵读经典活动，我发现：组织集体活动不仅能培养学生在活动中逐步形成的自律能力，还能增加班级凝聚力、创造力，甚至我还发现向我告状的情况也少了。所以，我决定经常组织一些班集体活动，积极参加学校、区级以及市级的各项活动，来增强学生自信心，来提高学生自律性，来提升班级凝聚力，逐步实现在特色理念引领下，构建符合学校"和悦"文化理念的班级目标。

二、班主任的审美情趣与班级物质文化建设

教室是学生学习的主要场所，也是班级文化建设的主要载体，教室的布置是班级文化建设重要的组成部分，是班级文化建设的"硬件"体现。优化教室环境，是创建良好班级文化的基础。要建设良好的班级文化，营造学生学习的有利环境，对教室的布置不可忽视。首先要注重审美的要求。在形式上注意与教室环境相配，注重映衬美。好的教室布置应该是温馨、和谐的，洋溢积极精神、充满人文气氛，"宜居宜学"的场所。这无疑需要师生高品位的审美情趣做指导，而且对班主任审美情趣的品位提出了更高达的要求。

（一）班级文化墙，助力学生成长（案例一）

班级文化建设的最基本内容和体现就是班级环境布置。它不仅能体现出班级的精神面貌，而且能直接影响到学生的心理健康。因此，要利用好班级文化墙的每一个空间，师生共同参与，精心布置，使其既温馨舒适，又催人进取。根据我校"好习惯养成教育"的办学特色，针对我班的三个"班级特色墙"，经过师生共同讨论后，分别制定了每个板块的主题思想。

1. 引领学生成长

一个好的班集体，不但要有一个能干有爱的班主任，更要有一群能协助班主任管理班级的"小能手"。所以，在"我的班集体"这面墙上，首先介绍了我班班干部的组成。一方面对小干部起到督促促进作用，另一方面让其他同学进行监督和学习。

俗话说"没有规矩不成方圆"。班干部团队组建后，很快就利用中午早到校时间召开班干部会，共同讨论确立了我们班的班规，同样张贴在"我的班集体"这一板块墙上。班规旁边是荣誉栏，每次获得的集体奖状都在这里。

希望通过班干部的带头、班规的督促和荣誉栏的激励，看到孩子们一点点的转变与进步。

2. 激发学生兴趣

1997 年诺贝尔物理学奖得主朱棣文教授认为："中国的学生学习很刻苦，书本成绩很好，但是动手能力差，创新精神明显不足。"为了增强学生的动手能力，培养他们的兴趣爱好，我开设了"我的作品"板块。无论是书画作品、折纸手工、沙画彩泥……只要是学生亲手做出来的作品，都有机会在这里展出。这里也是学生们最喜欢的一面文化墙，在这面墙上不以成绩论英雄，比的是谁的动手能力强，谁的想象力最丰富。孩子们为了自己的作品能出现在这面墙上，经常在课间的时候和几个小伙伴凑在一起折纸、捏彩泥，然后将他们的成品亲手贴在墙上，写上彼此的姓名。渐渐地，课间追跑打闹的身影少了，孩子们都沉浸在动手的乐趣中，也慢慢地有了团结合作的意识。

3. 培养团队意识

当然，合作意识不能仅在娱乐中体现，在学习和生活上也要有团队意识和集体荣誉感。

现在的小孩子大多是独生子女，好几个大人围着一个小孩转，几乎人人都是家里的小霸王、小公主。在这种环境下成长，势必会让孩子有一种"唯我独尊"的高傲与自私，缺少互帮互助的精神，缺乏"团队"的概念。针对这一普遍现象，我将一面墙的主题设定为"比一比"。以小组为单位，从纪律、卫生、学习三方面进行比拼。每月一小结，第一名的小组每个组员都能得到小奖状，而最后一组需要全组成员打扫卫生一周。渐渐地，孩子们脑海中有了"我要为小组添红星""不能因为我让我们组变成最后一名"的意识。而这一办法的实施，效果最明显的是早上迟到现象的消失和教室整洁度的提升。

4. 改变问题学生

班级文化墙的布置，不但凝聚了我们整个班集体，更改变了部分"问题学生"。

小晨会画国画。他画的荷花贴在楼道的展示板中，让更多的人注意到了他，他上课不再做大动作影响他人，不再大声回答错误的答案，因为他说他以前做这些只是为了引起老师和同学们对他的关注。

小远是体育班长。但每次站队他都是最后一个走出教室，也不组织站队时的纪律，直到我出现，才会整队带走。自从他的名字出现在文化墙上后，他的态度 180° 大转弯，每次都能很快地把队伍组织好，自己带下去。问他以前为什么这么懒散，他说"同学们太难管了，每次都嚷得我嗓子疼，所以不想管。"而现在的转变是因为"看到我的名字被贴在墙上，心中莫名地有一种使命感，我要当好体育班长，带好队。"

苏霍姆林斯基曾经说过："学生周围的世界是生动的思想之源，取之不尽、用之不竭的宝库。教师就是教育环境的设计师。"因此，通过班级小环境的布置，为孩子们营造一个轻松自在的学习环境，愿他们在快乐中学习，在学习中成长。愿好习惯成就他们的精彩人生！

（二）环境创设让班级文化灵动精致（案例二）

班级是学生所在时间最长的地方，温馨、优雅的环境既能陶冶学生的情操，又能对学生的快乐成长起到潜移默化的作用。因此，我们在教室环境的创设上注重于营造书香氛围，整体风格上偏重于简洁明快。

"硕果飘香"是我们教室外面的展示栏，这里，是学生展示自己特长的天地，小小的照片分布在每个苹果底图上，让全校同学知道自己是班里的小明星。

"图书角"是与他人进行互换阅读、从而达到资源共享的一方书香弥漫的小天地，每位同学都拿来家里的一本课外书，在课间闲暇时间，可以到图书角选择自己喜欢的图书，静下心来拓展自己的视野。

教室后面的"写字小擂台"等展示栏是学生展示自我的舞台。这里有每个人的姓名，只要写字朗读或者纪律得到老师的肯定，就会给自己贴上一枚笑脸，激励自己更上一层楼。

左侧墙上"妙笔生花"一栏，有他们的日记佳作，也有他们的涂鸦作品，还有几朵颜色各异的精致的纸花，虽不华丽，却也算得上是"书香花香心香，香香醉人"了。

右墙上的"心语心愿"是学生心声的窗口，在彩色小手掌上写下自己的愿望，全班同学所有的心愿组成一颗心，象征着我们的心愿在集体的努力下都能实现。

（三）细心布置班级墙壁，力求让墙壁会"说话"（案例三）

苏霍姆林斯基指出："只有创造一个教育人的环境，教育才能收到预期的效果。"班级文化建设对引导学生的言行、潜移默化地净化学生的心灵、陶冶学生的品格、启迪学生的思想、培养学生的能力有着重要的作用。整洁、明亮、温馨的教室环境可以激发性情、陶冶情操，给人以启迪教育。

本班教室左面墙壁的软扎板是班级荣誉区和公告栏。经过大家的共同努力，班级在学校开展的各种活动中均取得了很好的成绩（学校合唱比赛一等奖、拔河比赛优胜奖、每月班级流动红旗等），看到奖状可以增进学生的集体荣誉感，激发大家热爱班级的情感，从而增强集体的凝聚力和向心力。本班教室左后方设计成了"和悦之花"展示栏，张贴全班学生的照片。本校的教育理念是和悦教育，所以每位同学都可以感受到学校对他们的期望。

考虑到学生的特点即有强烈的表现欲，利用学习园地，创立"我的风采"，让学生自编手抄报或精彩画作等，展示自己的所思所想，增强相互的沟通。教室卫生工具整齐地排放，黑板报期期做到图文并茂，在班级的墙上布置"我是班级小主人"板块，不仅让学生增强了责任感，深化了集体意识，还让学生互相监督，共同提高，以此来加强学生的竞争意识，从而培养了积极向上的班级环境。由于美化了教室环境，讲文明，讲卫生，蔚然成风，在班级常规管理评比始终名列前茅。

三、班主任的管理理念与班级制度文化建设

作为班主任，我们在管理上必须做到张弛有度。在班级文化建设中，班主任必须要充分发挥学生们的积极性、自觉性和主动性，让学生尽可能多地参与到建设过程中，使他们在班级管理和班级文化建设实践中丰富、充实和发展自己，树立学生的班级主人翁精神。开展班级文化建设是班主任实施有效班级管理的一部分，学生参与班级文化建设其实是一种自我管理的过程。在班级制度建设上，应该让学生充分发表意见，强化学生树立"我的班级我做主"的意识，

将制度约束转化为自觉行为。班主任要根据本班实际情况，广泛吸取学生合理化建议，与班委会一起制订班级工作计划，再按照计划制定切合实际的规章制度。这样才能增强制度的透明度和可信性，使学生真正意识到制度不只是教师的主观要求，而且是学生生活和学习的必然需要。在制度的表述上，应该多用鼓励性、积极的话术，营造和谐的话语环境。在制度的执行上，让同学们自觉监督，实现自我管理，自觉遵守。制度的关键在于检查督促，否则就是一纸空文。如今的学生大多已从传统拘谨的"封闭型""内向型"转变为"开放型"和"外露型"的性格，学生对于自主权、个性化有更强烈的渴求，教师在管理上一味地压制会引起学生的反感，效果难免事倍功半。在小学班级制度的检查督促中，最有效的方法还是充分调动学生的积极性，发挥学生的主体地位，引导学生积极进行自我检查、自我督促，完善自我管理。班主任要善于抓住并解决主要问题，当好"参谋"，日常管理可以放手让学生去做。这样既实现了学生自我管理的愿望，又锻炼了学生的组织管理能力，可谓"一箭双雕"。

（一）班级公约规范学生的行为，建立奖惩制度（案例一）

班级公约是班级制度的体现，在班级制度中的精神风貌、价值观念、作风态度等具有文化气息的内容，给制度以灵魂，通过班级公约具体体现出来。班级公约为学生提供辨别其班级行为的尺度，为班级成员提供评判标准。班级公约可以征集学生的意见共同制定，让学生参与到班级公约的制定中，在制定的过程中明白班级成员应该遵守的制度，与学生一起讨论和不断完善。开学之初进行班级干部竞选，班级干部定下来以后就带领学生集体制定班级公约，公约制定好之后采用等级评价的方法进行量化考核，量化考核中也是以正面鼓励引导为主，班级采用积分嘉奖的方法将个人评价和小组评价相结合，每周总结一下个人分数和小组分数进行相应的奖励，这样有利于个人发展，优秀的学生在奖励的鼓励下会更加努力，而后进学生因为有小组评价也不敢怠慢，同组的优秀学生也会帮助他，这样可以有效促进小组成员之间相互协助进步，整个班级处于一种积极向上的状态。

（二）构建有认同感的班级公约，营造和谐班级制度文化（案例二）

班级制度文化是班级文化环境的主要组成部分，是班级管理文化的核心，是班级建设活动有效开展的重要保证。为了使学生具有秩序观念，能够自觉维护各类公共秩序，遵守纪律，热爱学习，讲究卫生，注意安全，在认真学习《小学生守则》和《小学生日常行为规范》的基础上，根据本校和本班学生的实际情况，制定切实可行的、大家共同认可的班级公约。

> 课前准备不能少，铃声响后静息好。
> 专心听讲勤动脑，作业工整按时交。
> 室内室外不追跑，小声交谈不乱吵。
> 穿戴整洁勤洗澡，教室卫生勤打扫。
> 刻苦锻炼身体好，保护视力不能少。
> 同学之间要宽容，对人真诚有礼貌。

为了使班级制度落到实处，深入人心，需要做到三方面的工作，第一，加强制度宣传，使学生正确理解，严格遵守，由强制地遵守变成自觉的行为；第二，人人平等，不允许任何"特殊"的人不遵守制度，奖惩分明；第三，制度的实施要相对稳定，不能随意改动。

四、班主任的言传身教与班级文化建设

众所周知，班级文化是一个复合体，它既包含如环境布置、行为方式、语言习惯等显性的东西。也包含价值取向、制度体系、班级风气等隐性的东西。建设良好的班级文化离不开师生的共同努力，作为班级直接管理者的班主任，其表率作用尤其举足轻重。首先班主任应是仪表的垂范。教师的良好的仪表形象，是从事教育工作的重要前提，教师的思想行为、言谈举止乃至衣着打扮对学生的影响是直接的。试想如果哪位班主任衣着打扮奇装异服，言行举止粗野下流，又如何要求学生着装整洁、举止文明呢？这样的班级也要建设良好的班级文化，岂非笑谈！其次班主任应是遵守制度的表率。孔子说："其身正，不令而行；其身不正，虽令不从。"班主任作为班级教学和管理的组织者。必须自觉地、无条件地遵章守纪，言出必行，令行禁止，成为学生的楷模和学习的典范。在日常学习和生活中，我们要求学生不能做的，老师也不做。要求学生做到的，老师应先做到。只有我们模范遵守了学校各项规章制度及班级行为规范，才能对学生起到潜移默化的教育作用，才能将制度约束转化为学生的自觉行为。最后班主任还应是学习的楷模。教师也要不断学习、终身学习。俗话说："要给学生一碗水，教师得有一桶水。"如孔子所言"知之为知之，不知为不知，是知也。"在对待科学知识上，教师必须实事求是、严谨治学。作为班主

任必须诚实谦虚、学而不厌，不断拓展自己的视野，创新工作方法，才能更好地带动本班学生向着更新的知识领域迈进。班级是学校教育的基本单位。班主任是一个班级的灵魂。班主任在班级文化建设中，只有目标定位科学合理、审美情趣高雅脱俗、管理理念张弛有度、表率作用严格得体，才能充分发挥导师的作用，进而创新班级管理，构建和谐的班集体，创造教育的最大价值。

（一）言传身教，以身作则（案例一）

本学年我主要对学生进行做事守时的习惯培养，也就是对学生进行诚信教育。班里总有个别学生对于老师布置的任务不能按时完成，早晨不按时到校，做作业速度慢，需要各科老师不断地催促，可是你着急他不急，磨磨蹭蹭总是改不了，这就形成了不珍惜时间的习惯。因此，训练学生做事守时的习惯，就等于教会学生怎样做事、怎样学习，它将影响学生的成长，作为教师要为学生的将来负责，不可忽视看似不重要的"小毛病"，要从点滴入手，训练学生做事要守时。

1. 在班级管理中，以身作则，树立榜样

在学校与学生相处的过程中，一言一行往往都潜移默化地影响着他们，因此自己以身作则，让学生感到老师的诚信，凡事为学生树立榜样。例如每天早晨到校后我都会提前走进教室，看看哪些同学比老师来得早，观察他们在干什么，表扬那些准时到校并且会学习、爱劳动的同学。有一段时间，我发现班内李文杰每天早晨要打上课铃了，他刚磨磨蹭蹭地拽着书包走进教室，问明原因后，我利用榜样的作用提醒他，要遵守到校时间，按时到校，后来他迟到的现象有所改观，现在他已经不再迟到了。我努力为学生播下守时的种子，希望他们养成守时惜时的好习惯，让榜样的作用起到事半功倍的效果。

2. 开展评比活动，强化守时的观念

习惯是一种非智力因素，是一种自动进行某种活动的特殊倾向，它是自觉、主动、持久、稳定的行为方式。为了强化学生的守时观念，我结合班训"把握今天，精彩明天"告诫学生要珍惜分分秒秒的时间，今日事今日毕，同时利用班级文化的"好习惯之星"专栏进行评比，在好习惯积累表中只要得到五个习惯币就可以换一颗红五星扎在专栏中自己的照片后面，学生们的积极性很高，按时完成老师布置的各项任务，用挣到的习惯币来换取红五星，平时写作业慢

的闫可欣、沈典葳在课堂上也抓紧时间按时完成，看到学生的进步，我觉得学生们有比较强的竞争意识，后来为了让好习惯能够持之以恒，利用少先队活动课时间，强化学生这种做事守时的习惯，对学生提高了要求，要攒够 10 个习惯币，才能换一颗红五星，虽然对于平时比较磨蹭的同学难度加大了，但是孩子们并没有气馁，绝大多数同学按时完成老师布置的各项任务，因此通过好习惯之星的评比活动，激发了学生养成好习惯的动力。

3. 利用班级制度，长期督促形成习惯

养成好习惯不是一蹴而就的，师生都应做长久打算，允许学生习惯的形成有个过程，让学生必须一步一个脚印地坚持下去。这就需要师生配合，教师不断督促学生，学生反思坚持不懈，才能见成效，我训练班干部做老师的得力助手，对于习惯差的同学给予帮助，老师在适时鼓励的同时严格要求，力求及时改掉浪费时间的坏习惯。

古代教育家孔子曾说："少成若天性，习惯成自然"。做事守时这个好习惯，对于学生的成长尤为重要，把守时守信提升到他们做人成才的高度来认识，扎扎实实一步步地走下去，信从守时起，诚自涵养来，守时是走向成功的砝码，守信是做人的基本准则。正如语文课文《诺言》所说，"尊严的重要成分就是兑现诺言"，也就是让学生懂得做事要守时、讲诚信。

五、班主任的创造力与班级文化建设

杜威认为，教育就是儿童现在生活的过程，而不是将来生活的预备。他说："生活就是发展，而不断发展，不断生长，就是生活。"因此，最好的教育就是"从生活中学习""从经验中学习"。在批判传统学校教育的基础上，杜威提出了"从做中学"这个基本原则。在他看来，如果儿童没有"做"的机会，那必然会阻碍儿童的自然发展。儿童生来就有一种要做事和要工作的愿望，对活动具有强烈的兴趣，对此要给予特别的重视。而小学生正值青春活力、精神旺盛的时期，求知欲强，活动量大，其往往不会满足学校单调甚至枯燥的生活，他们追求多维、丰富、多层次和精彩的立体生活。而形式多样、丰富多彩的课外活动正满足了孩子们渴望接触新鲜事物的求知欲、诱释出他们的青春活力。因此班主任在班级文化建设过程中应该重点关注班级多元活动的组织，根据小学生的年龄特点，在不同的年龄段选择适合其身心发展的活动，例如小学生的思维能力随着年龄的发展呈现出不同的特征，小学四年级以前是以具体形象思维为主,四年级以后则是以逻辑抽象思维为主。而三、四年级也是记忆发展的关键期。因此班主任在组织活动时就应该充分考虑到活动是否有利于孩子们相关方面能力的发展。在活动的选取中要坚持教育性原则,即有助于孩子身心健康,有助于开阔学生视野;多样性原则,活动的呈现方式要多样化,内容要丰富多彩,形式要生动活泼,多样化的活动形式要能够使学生产生新鲜感和参与的欲望;发挥学生的主体性,在活动中体现"学生中心"的原则,师生共同参与,班主任要善于观察学生的个性特点,因材施教,使得每一位学生都能够真正参与到自己感兴趣的班级活动中去。

(一)班级特色活动的开展让班级文化启智冶情(案例一)

班级文化的生成除了温馨的环境、完善的制度外,更具魅力的,就是那些关注学生发展、引导学生成长的丰富多彩的班级文化活动。以班训为依托,在活动中得到诠释。

开展优秀手抄报展示活动,每位同学都精心设计自己的手抄报,在全班同学的投票下,选出最受欢迎的几幅作品,张贴在"妙手生花"的文化墙上。开展了成语接龙活动,每月一个主题,如有关快乐的、有关好品质的成语,如果能给上一位同学接龙,就贴在文化墙上。让学生在遣词造句的过程中感悟自信,体验快乐。抓住节日的契机,利用手抄报、文艺汇演、实践体验等多种形式开展勤俭节约、感恩回报、保护环境等教育,把节日打磨成闪闪发光的教育珍珠。

这些活动为学生的发展搭建了一个个展示的平台,让学生在和谐的氛围中进入良性循环,自信而快乐地成长着。

(二)开展好班级的特色礼仪活动(案例二)

1. 上好第一堂礼仪教育课

新学期开始,利用周一的活动课时间对学生进行文明礼仪教育,上好第一次礼仪课,打好基础、形成氛围。首先对学生提出要求明确、具体、详细的文明礼仪常规,使每个学生心中有数。然后进行文明礼仪训练。既要使学生明白"理",又要训练"仪",学练结合,以练为主。做示范、教表演,使学生知道怎样去做,这样学生容易形成清晰的概念,起到明理导行的作用,有助于学生逐渐养成良好的习惯。

2. 学科教学渗透礼仪教育

为了使学生能懂文明、讲礼仪、守规范，我组织学生和我一起细读《文明礼仪细则》，并通过课堂教学提高学生对礼仪、礼节、礼貌"三礼"要求的认识，不断修整学生的行为，完善学生的人格。

教学中教师把自己的主导作用寓于学生主体活动之中，灵活运用多种教学方法和手段，能够充分调动学生学习的积极性，让学生在活跃、充满激情的课堂中接受文明礼仪教育。其他学科在教学过程中也可结合课堂常规进行礼仪行为训练，使学生得到持久的、多方面的、潜移默化的影响，起到激情育意的作用。

3. 在活动中进行养成教育

教育家叶圣陶先生说："什么是教育？简单一句话，就是养成良好的习惯"。怎样来培养学生文明的行为习惯呢？我们要积极倡导学生不能把自己的自由建立在影响别人自由的基础之上，在自己获得自由的同时要考虑到不妨碍别人，以不断提高学生的行为能力和习惯水平。

结合学校的四星评比，我班也有针对性地开展了一系列活动：建立督导、检查、评比制度，评出班级礼仪星；成立礼仪岗和监督岗，对学生进行礼仪的示范、检查和监督；通过坐、立、走姿势的训练和礼貌用语的学习，使学生礼仪规范化、制度化，形成良好行为习惯；结对子对问题学生跟踪帮教等。

文明礼仪教育，是一种养成教育。通过教育活动，持之以恒，使学生逐步形成文明识礼的好习惯，让学生在认识和实践的循环往复中由被动变为主动，最终内化为自己的一种素质。只要一抓到底，一定会形成良好的文明礼仪氛围，帮助学生养成自我管理的好习惯。

4. 榜样示范抓正面诱导

英国教育家洛克指出：最简明、最容易而又最有效的办法是把他们应该做或是应该避免的事情的榜样放在他们跟前，一旦你把他们熟知的人的榜样给他们看了，同时说它们为什么漂亮或为什么丑恶，那种吸引或阻止他们去模仿的力量，是比任何能够给予他们的说教都大的。因而榜样的示范教育作用不可忽视。首先，为人师表做示范，教师要以良好的仪表风范为学生做榜样。其次，先进人物示范。以先进人物的优秀事迹，树立良好的榜样。最后，行规之星做示范，以班级、学校行规之星的好的行为为表率。

5. 家校合作，共同优化育人环境

由于家长对独生子女教育管理上的过分溺爱，导致了学生家庭礼仪的缺失。因此，我认为文明礼仪教育还必须向家庭延伸。我们提出学生家庭礼仪的具体要求，并布置家庭礼仪作业，通过家校联系卡进行家校互动。我们还通过家长会和家长学校向家长宣传文明礼仪的重要性，并对家长如何教育孩子做一个懂文明、讲礼仪的好孩子进行辅导，使家长掌握正确、科学的教养观念和方法，坚持把礼仪教育与促进学生良好个性发展的心理健康教育、培养学生生活自理能力和包括料理家务能力在内的劳动教育相结合，形成家校教育的合力，共同参与到孩子的文明礼仪教育中来。

第三节　班级文化建设促进班主任专业化成长

有一句话说得好，"教育因班主任而精彩"，确实如此，教育能促进教学，一位好的班主任能带出一个学风好、积极上进的班级，并能影响、带动整个学校的风气，其积极效应是不可估量的。因此，对班主任队伍的建设就理所当然地在整个教育教学工作中占有特别重要的地位，而班级文化建设是加强班主任专业化水平的有效途径。

一、班级文化建设促进班主任专业人格的发展

"为人师表"是社会对班主任的基本要求，也是班主任的基本素养。在班集体建设中，班主任的世界观、人生观、价值观对学生产生直接的影响。班主任每天需要面对的是一个个充满个性且处于迅速发展阶段的年轻个体，这个阶段的孩子身心主要表现为以下几个特点：小学生的感知力、注意力、记忆力都迅速发展，想象力丰富，抽象思维能力比较强，情感日渐丰富，意志力薄弱，个性特点逐渐显现，自我意识不断发展并且日益增强。学生的成长在不断变化，并且差异性和复杂性都十分显著，同时出现的问题也是不可预料并且多种多样的。因此作为班级文化的引导者，班主任首先应该做到以身作则，以高尚的思想道德品质引导学生，促进良好班风的形成，且在班级文化建设过程中学会反

思、勤于反思、理性反思。通过对教育现象的分析，反思自己的教育行为，在反思中不断思考、完善，以高尚的道德品质影响和培养学生，在促进学生道德成长的过程中也提升了自己的专业人格。

（一）漫漫工作、慢慢育人（案例一）

什么样的老师是好老师？从工作第一天，我就在思考这个问题。我既是语文老师，也是班主任。做一个班主任，看似简单，实则很难。曾以为班主任只要拿出自己的威严，就能驯服班内的所有学生，让他们乖乖听话。然而，在实际的班级管理过程中，我才发觉困难重重，常会发生一些令自己手足无措的事情，感到那么力不从心。因此，我想要学习一些科学的观点和方法，来认识自我和改变自我，去认识和引导学生。

经由推荐，我读了《班主任工作漫谈》这本书，我从魏书生老师大量生动感人的实例，以及他独具一格的班主任工作经验和做好班级管理的具体措施中，明白了想要做好一名班主任，就要先从自身出发，改变自我，树立榜样。我在面对学生的时候，应用学习吸收的观点看待他们，这样也会使我心胸开阔，拉近与学生的关系。正如书中所说："如果说每个孩子都是一颗小星星，老师便是挚爱他们的夜空，让他们都闪烁出最灿烂、最动人的光辉！"教师在教书育人的道路上，付出的是汗水和泪水，收获的是一份份沉甸甸的情感。

书中谈到"身教胜于言教"，这一观点我特别认同，并且一直在教育工作中实践着。我要用心去教诲学生，用情去培养学生，把一生矢志教育的心愿化为热爱学生的一团火，将自己最珍贵的爱奉献给孩子们，那么，近日含苞待放的花蕾，定是明日盛开的绚丽花朵。还有书中提到的"尊人者，人尊之"，这个思想我也特别赞同。教书先育人，育人先做人。教会了学生怎样做人，筑好了思想教育这一"地下工程"，知识之树也就根深叶茂、硕果累累了，也就水到渠成了。

魏老师主张"科学管理班级"，的确，管理班级，需要方法，而不是蛮干。魏书生老师说："坚信每位学生心灵深处都有你的助手，你也是每位学生助手。"在班级管理中，我开始学着关注每位学生的主人翁意识。教师应处在一个驾驭、服务的位置上。而学生之间应形成一种互助、互动模式，全员参与、相互制衡的关系，人人既是管理者，同时又是被管理者，管理因时而动，权力彼此制约。这样做，既培养了所有学生的集体主义精神，又增强了班集体的吸引力。

现在，班级管理正朝着健康、有序的方向发展。做好新时代的班主任，我坚持"不埋怨环境，以人为本，以法治班"的原则，以朋友的角色去赢得学生心灵沟通，用爱去交换爱。以孩子的眼光看问题、看世界，这样才能真正尊重孩子、理解孩子，用心去主动地创造更充裕的时间和空间去了解、剖析、关爱孩子，为孩子提供最适合的教育。这样方可能进到他们的心灵，探索他们的需求，从而达到教育的真正目的。我相信：用爱心去浇灌，帮助学生养成好习惯，那么，好习惯将会成就学生的好未来，使他们终身受益，这就是一个好老师应该做的。

（二）做一个以德服人、"人和"的班主任（案例二）

首先，我希望培养孩子成为一个有"德"的人，因此在平日的教育中我非常注重德育的渗透，经常结合教学内容，对学生进行行为规范、集体主义、爱国主义等德育教育，我要让学生知道在他成才之前首先要学会做人，做一个品德高尚的人。

"公正"也是学生所看重的一项教师品质，因此对于所有的学生我都会一视同仁，当学生有进步时，我会及时作出表扬，而当学生犯错时，我也会作出合理的批评与教育。不会因为他成绩好而心存袒护，而对成绩差的学生抱有偏见。

其次，成为一名"人和"的班主任一直是我追求的目标，当然"人和"的班主任也应该是有威信的，而威信并非凭空产生，是要靠自己树立的，以身作则，言教不如身教，良好的身教是树立威信的最好办法。另外"人和"的班主任又应该是具有亲和力的，因为每一个学生都是有情感的，如果威信能使学生对教师敬重，那亲和则使学生对教师不会敬而远之，情感像一根纽带，把教师与学生紧紧联系在一起。在日常的工作中，用"爱"的思想来指导我们的工作。当孩子表现好时，教师看似不经意地摸摸其脑袋或拍拍其肩膀、后背等，都会给学生带来很大鼓动。在和学生交流时我会注意自己的语气和语速，让学生感受到我对他的重视与尊重。

二、班级文化建设促进班主任专业素养的发展

学生的首要任务是学习，育人是一门严谨的科学。作为人类文化的传播者和延续者，班主任应成为学生心目中的"百科全书"，掌握充分的专业知识并且拥有广博的学识和见识。在班集体建设过程中，班主任对学生的影响是全方

位的，他所掌握的知识不能只局限于所教的学科，还要有广博的科学文化知识，必须对社会科学和自然科学知识有所掌握和了解，成为一个"杂家"，广泛吸收其他学科的知识，来建立自己的学科体系、理论体系以及育人体系。班主任的专业能力是建立在丰富的专业知识和专业素养之上的，由于教育涉及的学科知识比较杂，通常包括了心理学、哲学、伦理学以及管理学等学科，因此在日新月异的世界里要掌握这些知识，班主任应当不断学习和更新知识，提高自身的专业素养，就需要班主任具备终身学习的意识和能力，与时俱进更新和储备自己的专业知识，以一个优秀学习者的人格魅力来影响学生，把学生培养成学习型的人，把班级建设成为学习型的组织。

在瞬息万变的当今社会，对教师的要求越来越高，教师要适应变化的环境、要满足学生的需要，必须坚持不断地学习。在《中小学教师职业道德规范》中要求教师做到："崇尚科学精神，树立终身学习理念，拓宽知识视野，更新知识结构。潜心钻研业务，勇于探索创新，不断提高专业素养和教育教学水平。"所以"教书者必先强己，育人者先育己"，成为学生终身学习的楷模，才能更好地履行育人的职责，因此终身学习是当代教师成长和发展的必由之路。

1. 终身学习，修炼品格

"学高为师，身正为范"，教师的品格犹如一面无声的旗帜，时时刻刻感召着学生，随着社会的发展，教书育人包含着太多的时代要求，面对着具有鲜明时代特点的学生，千篇一律的说教根本不可能打动他们。在教育教学过程中，教师要不断地唤醒和弘扬学生自然天性中蕴藏着的探索冲动，就必须做到诲人不倦，真心地关注学生、了解学生，善于用贴近学生生活的、易于被学生所接受的方法，对他们进行多方面的启发引导。培养学生的主体意识和批判精神，就必须做到宽容和平等，尊重学生。自己要用心激发和培养学生对学习的热爱和终身学习的能力，就必须指导学生探索学习规律，掌握学习方法，善于利用各种机会和资源进行学习。所有这些，都要求教师要与时俱进，其品格中不仅要有为人师表、自省其身的传统为师之道，还要有能跟上时代发展的内涵，而要做到这一点，除了要努力学习现代科学知识以外，更重要的是要不断提高自身的人文素养。教师的人文素养是指教师所具有的人文精神以及教师在日常活动中表现出来的道德、思想、心理、情感、性格、思维方式等方面的气质和修养，而这些正是教师品格中的核心内容。但人文素养的提高是要靠长期不断的积累和内化来实现的，所以只有抱定终身学习的态度，将自己视为一个不断成长的人和持续的学习者，才能根据社会发展的需要，随时对自己的观念、态度、方法、行为等进行反思和调整，保持为人师表的良好形象。在教育教学过程中，不断探索、不断实践、不断创新，实现自身价值的提升。

2. 终身学习，提高业务

以前人们常说，教师要给学生一碗水，自己必须有一桶水，这"一桶水"就是学生真正能够得到"一碗水"的保证。但任何学科都是在不断发展的，而教材上的内容却是固定的，局限于教材的"水"仅是一桶死水。在新课程改革的今天，作为教师要能够超越书本知识，给予学生更多的学科发展的新知识、新信息，就必须不断关注学科发展的新动向，并投身于科学研究，用最新的科研成果来支撑教学，提高教学水平，使自己的这桶水成为常新的活水。课堂教学并不是单纯为了进行知识的传递，而是以知识传递为手段来培养学生的能力，激发学生的情感，使他们成为具有持续发展能力的人。所以，教师不但要对教授的内容融会贯通，还要能够得心应手地将真理呈现给学生，而且要善于给学生留下疑问和思考的空间，从而引导学生学会寻找真理，使学生得到的一碗水成为活水，因此教师除了要终身学习自己的学科专业知识以外，还应该广泛阅读，它不仅有利于我们获取知识，拓宽视野，更有利于我们更新思维。教师要给学生一碗水，自己拥有的不仅是一桶水，而是一条源源长流的小河。而这条小河的源头活水，只能来自教师的终身学习。

3. 终身学习，探索教法

教学是一门艺术，是与学生交往的艺术，是知识传递、情感表达、观念沟通的艺术，更是引导人、发展人的艺术。因此在学习型社会，需要教师在教学过程中合理发挥角色作用，进行不断的探索和实践。教学方法的终身学习，就是在摒弃传统的教学观念与方法的同时，不断接受和运用符合时代特点的教育发展观及教学方法，这是学习型社会条件下教师的一项长期而重要的任务。我们的教育已从"以教为主"向"以学为主"转变，学生从"被动学习"变为"主动学习"，课堂上强调学生是学习的主人，这是时代发展的必然。从终身学习的角度来看，小学生将来步入变化纷繁的社会，不会学习将使他们的职业生涯步履维艰，因此必须重视培养学生的学习能力。教师需要认真地学习教学理论，深入全面地了解自己学生的情况，潜心地进行教改研究和探索，不断试验新方法、总结新经验，只有当教师真正把教学和研究紧密结合在一起，教学方法的改进才会成为可能。但是教学方法的改进不是一劳永逸的，教师必须做好终身学习、终身研究、终身改革的准备，时刻思考提升课堂教学品位和品质的策略。

伴随着知识经济时代的到来，人们正日益从注重知识的传承转变为关注知识的创新与生长。作为构建学习型社会的重要人力资源的教师，必须从现在起就牢固树立终身学习的思想，是教师职业的生存权利的观念，让学习成为自己生活的重要组成部分。要不断完善自我，努力提高自身素质，为更好地服务学生打下基础，为自己今后的发展铺就道路，做一名学习型的教师，成为终身学习的楷模。

三、班级文化建设促进班主任专业能力的发展

班主任区别于任课教师最主要的方面就是班主任要对整个班级进行管理和建设，要通过开展丰富的班级活动来营造班级良好学风、班风，促进学生学习成长。因此，班主任必须具备丰富多元的能力。如：组织开展多种活动的能力，创建班集体的能力，做好个别学生教育的能力，深入了解和研究学生的能力，交往协调能力以及熟练地运用网络开展德育工作的能力，灵活、机智的教育应变能力以及处理家长沟通的能力等。学校要想培养出有创新能力的学生，还需要首先提高班主任自身的创新能力，要有意识、有步骤地"放权"，让班主任在工作过程中拥有充分的自主权，激发其创新意识和创新能力，从而充分调动学生的创造积极性。另外，从班集体建设的需要来看，班主任应该从多方面提升自己的才艺和技能。琴棋书画皆通，天文历法都懂，耐心爱心具备，严肃幽默全会，这个要求虽然比较高，人人做到也不容易，但如果班主任具有艺术、体育等方面的才能，对于建立和谐的师生关系、建设良好的班集体将起到重要作用。

教师不仅要乐业、敬业，更要勤业、精业。教师的精通业务要求对不同性格、不同爱好、不同条件的学生因材施教，发展各种类型学生的个性，充分调动每个学生学习与探索的积极性。特别是班主任老师，在他面对一个集体的时候，他就是一面旗帜，就是一面镜子，具备扎实的教育教学基本功，勤学苦练，是为人楷模所必需的。

班风是班级的灵魂，是班级建设的核心；优良的班风为学生提供了安心学习的环境。学风是求学的环境，是学生学习的保证；优良的学风给我们创设了

顺利成才的条件。创建优良班风学风，是我的立班之本、求学之源。端正学习态度，明确学习目的，养成良好的学习习惯，增强学习的积极性和主动性，每位同学秉承"用你的行动表达你的态度"的理念，力求做到"乐学、善学、勤学、会学"。

1. 加强思想教育，确立学习目标

加强思想教育，要让每一位班级成员树立远大的理想，确立自己的人生目标，尤其是确立以学习为中心这个目标。为了更好地实现自己的目标，以实现小目标为基础，每天一小步，一个月一大步，一个学期一层楼，"用你的行动表达你的态度"。只有这样，才能去引燃学生的理想之火，激发学生强烈的求知欲和进取心。因此，让每位班级成员确立以学习为中心的目标，应放在班级学风建设的重要位置。

2. 培养良好学习习惯，学风建设催化剂

我校校训是"好习惯 好未来"，培养学生好习惯是我们教育的着脚点，我主要说说结合勤奋学习方面的十个好习惯，我班在学习习惯培养方面的做法。"用你的行动表达你的态度"让学生养成良好的学习习惯，是班级学风建设的催化剂。

3. 完善班级干部组织，真正实行自主管理

加强班级学风建设，要建立一个团结向上、工作能力强、榜样作用大的班干部队伍。班干部的选择，是在班上进行的一次民主选举，通过自我和他人推荐、自主投票，学生充分行使自己的权利，选出让他们信任的班干部，并且根据这些班干部的特点，给他们明确职责，让他们进行班级自主管理，一级向一级负责，这样既减轻了老师的负担，又锻炼了学生的能力，班级秩序井然。如让责任心强、肯吃苦的同学担任卫生委员，她肯定能及时督促值日生做好值日，使班级卫生保持情况良好，我班经常获得卫生流动红旗，不但调动了卫生委员的积极性，其他同学更积极主动做好值日，为自己创造一个干净整洁的学习环境，对学习也是一种促进。由学习主动、成绩优秀的同学担任学习委员，她不但要将每天上交作业的具体情况记录在习惯评价表上，每周进行一次小结，而且时刻严格要求自己上课认真听讲，积极举手，作业质量高，在学习的各个方面做学生的表率，还带动其他班干部热心帮助学习有困难的同学，创造一个有

核心的积极向上的学习氛围。

教育离不开家长的配合，形成合力。为了实现真正的沟通与互动，我是这么做的。

（1）利用全体家长会，为班级建设献计献策。

召开家长会，认真听取家长对班级管理和教育教学的意见、建议，让他们为班级的发展献计献策，推动班级建设更上一个台阶。

（2）利用家长开放日，了解孩子在校学习状况。

为密切家校联系，增进亲子关系，学校每个学期开展 "家长开放日"，让部分家长走进学校、走进课堂，近距离了解孩子的学习状况。听课结束后与家长进行沟通，并对家长提出的宝贵建议进行反馈和及时调整。

（3）利用系列感恩教育活动，架起孩子与家长沟通的桥梁。

充分利用各种传统节日对学生进行教育。在母亲节、感恩节开展了孝敬教育，比如制作一张贺卡、说一句感谢的话、做一件力所能及的事，为了增加活动的实效性，我们也要求家长给子女反馈，让孩子与家长进行沟通，以增进彼此的情感，了解各自的内心需求，化解相互间的矛盾，也为家长与孩子的交流开辟了一个渠道，取得了良好的效果。

（4）利用随访和电话家访结合方式，及时与家长进行交流。

如果教师想向家长了解什么，或想向家长反映什么，电话联系最方便。电话联系也是家长了解孩子在校表现的最便捷的方式。但是电话一般只能实现教师和家长的双向交流，而不能更好地实现教师、学生和家长三方的沟通，随访就很必要了，低年级多数学生家长都来接送孩子，有时可以创造机会进行有效的沟通。

（5）借助信息平台，随时随地进行沟通。

信息平台的使用为老师和家长的沟通提供了方便，更为了强化学生的问题，虽然有的时候不是一个孩子的问题，但我都会逐个加上学生的名字，当家长看到名字后产生强刺激，效果会好些。有的家长也会利用信息平台和老师进行交流，问问孩子最近表现，今天学了哪些知识，有不明白的事情进行询问。增进彼此的情感，使教师与家长形成互动式指导、教育。

第五章
校本培训——教师专业成长的组织支持

第一节　新时代的校本培训

　　教育是国之大计、党之大计，教师是立教之本、兴教之源。2018 年教师节，党中央在北京召开了全国教育大会。习近平总书记在大会上明确指出，要坚持把教师队伍建设作为基础工作，对教师队伍建设提出新的更高要求。2018 年以来，按照《中共中央　国务院关于全面深化新时代教师队伍建设改革的意见》的决策部署，教育部等五部门出台《教师教育振兴行动计划（2018—2022 年）》，明确提出今后 5 年教师教育振兴发展五项任务和十项举措。教师专业发展与素质提升是教师教育振兴行动的重要内容，是教师队伍建设的内功。这就对教师教育机构及教师教育者提出了新的要求。中小学如何对接新时代教育改革和教师专业发展的新特点，如何基于传统优势，在继承中创新发展，是摆在我们面前一个亟待解决的问题。

　　近年来，教育部在完善教师培训制度体系方面出台了一系列政策文件。2011 年，印发《教育部关于大力加强中小学教师培训工作的意见》，明确了教师每 5 年参加不少于 360 学时的培训。2012 年，教育部等三部门出台《教育部　国家发展改革委　财政部关于深化教师教育改革的意见》，从培训基地、培训标准、培训制度、培训模式、培训课程、师资队伍、质量评估和经费保障等八个方面提出指导意见。2013 年，印发《教育部关于深化中小学教师培训模式改革全面提升培训质量的指导意见》，对提升教师培训质量提出了具体意见和要求。2016 年，印发《教育部关于大力推行中小学教师培训学分管理的指导意见》。2016 年、2017 年，先后印发《送教下乡培训指南》《乡村教师网络研修与校本研修整合培训指南》《乡村教师工作坊研修指南》《乡村教师培训团队置换脱产研修指南》等乡村教师培训指南和《乡村校园长"三段式"培训指南》《乡村校园长"送培进校"诊断式培训指南》《乡村校园长工作坊研修指南》《乡村校园长培训团队研修指南》等乡村校园长培训指南，加强对乡村教师校长培训工作的指导。2017 年，印发《中小学幼儿园教师培训课程指导标准（义务教育语文学科教学）》《中小学幼儿园教师培训课程指导标准（义务教育数学学科教学）》《中小学幼儿园教师培训课程指导标准（义务教育化学学科教学）》，规范和指导各地分类分科分层施训。未来，国家还将继续加强制度体系建设，让教师培训与教师专业发展有依据、有实效。中小学需要认真学习、研究这些制度要求，并基于这些制度要求开展培训工作。

校本培训是提升教师综合素养的基础与有效途径，是指以校为本的"研"和"训"，也就是"校本研究"和"校本培训"的有效整合，也包括在教育专家指导下，由学校发起、组织、规划的，以提高教师教育教学和教育科研能力，促进学校发展为目标，通过教育教学和教育科研活动方式来培训学校教师的一种校内在职培训。

校本培训是我校教师团队合作精进文化建设的重要组成部分。合作精进指教师拥有共同的发展远景，在和谐温馨的教研氛围中，以平和的心态，相互精诚合作与交流，达到个体与群体的共赢发展。我校充分利用校本培训平台，创新培训举措，提升师资队伍整体素质，推动合作精进教师团队文化建设。

为此，学校全面贯彻基础教育教学改革，把校本培训作为教师综合素质培训的主阵地，面向全体教师，以提高教师的整体素质为目的，以提高实施素质教育的能力和水平为重点，按需施教，学用结合，注重质量与实效，努力造就一支师德高尚、业务精良、善于从事素质教育的新型教师队伍。

第二节　建构校本培训的机制

什么是"机制"？《现代汉语词典》（第 7 版）解释有四种：第一种，机器的构造和工作原理，如计算机的机制；第二种，机体的构造、功能和相互关系，如动脉硬化的机制；第三种，指某些自然现象的物理、化学规律，如优化法中优化对象的机制；第四种，泛指一个工作系统的组织或部分之间相互作用的过程和方式。显然，这里要探究的"机制"选用的是第四种含义。

一、健全规章制度，明确管理办法

为了保障培训工作能够正规且深入实施，学校制定了系列规章制度，主要包括《民族小学教师培训管理制度》《和悦论坛管理办法》《民族小学青年教师培训方案》《民族小学教育教学成果奖励制度》等。这些制度和管理办法的出台，不仅规范了学校教师培训工作，而且促进这项工作开展更加深入、扎实。

在《民族小学校本培训制度》中，进一步明确了校本培训的主要内容：结合学校实际，较系统地进行学习教育教学基本理论的培训；及时进行新课程培训，解决实践中的问题；与时俱进地进行新教育理念培训；加强对教师现代教育技术知识的培训，研究学科课程整合问题；进行教科研基本知识、方法培训；进行德育工作，班主任、青年教师、骨干教师工作的培训；师德培训，通过各种形式加强教师的师德培训，培养一支受学生喜欢、家长放心、品德高尚的师资队伍。

在《民族小学教师培训管理制度》中，明确提出要对干部教师的培训经费予以大力支持和保障，例如鼓励干部教师积极参加区级及以上级别各项培训；外出学习报销交通费用、饭补（不管饭的培训活动）；每学年为教师和骨干教师分别订阅教育刊物；每学期定期聘请专家、名师到校进行指导等。

在《民族小学教育教学成果奖励制度》中，对于在校本培训中取得进步和好成绩的教师，按照获奖等次予以奖励。学校重视科研工作，对于承担科研课题，以及参与课题项目研究的教师，给予大力支持；对于科研成果，按照获奖等级，予以加倍奖励。

在《民族小学校本培训制度》中，进一步明确了校本培训管理办法：①为使校本培训逐渐走上规范化、制度化，按照区教委的要求，规定每学年每位教师参加校本培训时间不得少于 15 学时，将学时数分解到每个培训项目上，根据出勤率、考核成绩等实际情况评定最终成绩。②加强校本培训的过程管理，有专人负责管理教师参训的考勤、记录、考核、总结等，促进学习和研究的良性互动（由教导处副主任专门负责）。③建立校本培训档案。校本培训档案资料包括各级领导职责、各项规章制度、培训计划和实施方案、培训教材、培训记录、考核成绩、科研成果、培训总结等有关材料。④建立健全校本培训教师个人档案，内容涵盖学校集体培训、学科培训、情况记录、个人反思、自学笔记、有关材料、听课记录、优秀教案、参与课题研究情况、论文获奖证书复印件等。⑤建立健全校本培训考核制度。学期末校本培训考核小组对教师进行考核。具体考核办法如下：检查校本培训教师个人档案，内容不全或不符要求扣2～5分；各学科每月整理一份教学反思、一份教学案例，每少一次扣2分；每位教师每学期上一次公开课，考核小组依据民族小学课堂评分标准进行评估，计入期末考评，骨干教师每学期上一节展示课；每位教师每学期培训学时不少于15学时，每少一学时扣2分；对各种培训，不迟到、不缺勤、培训成绩优秀者加2分，不合格者扣5分；对学校批准的外出学习的教师，学校按每次会议的具体要求以及"超支不补、违章则罚"的原则，报销参加科研活动必需的费用（包括车费、住宿费、会议材料费），外出学习的教师回校当天及时上报；严格外出学习汇报制度。外出教师学习完后要及时向领导做好外出学习汇报，交学习心得以及学习材料，有必要将在全体教师会上进行交流；完善校本培训评价机制，学校要重视直接激励，每年召开一次教育科研交流大会。

为促进教师自主学习、建设学习型共同体，学校制定了《民族小学日常学习制度》：①坚持理论与实践相结合、自学与集中辅导相结合、专题学习与日常教育相结合的原则，开展多种形式、多种途径的学习活动。②利用教研组与和悦论坛时间，进行集中学习，必须人人参加，并要有专用的学习记录本。③课前复备，准备充分进课堂。日常注重钻研业务，苦练基本功，活到老，学到老。④每位教师每天坚持阅读理论书籍10分钟；坚持收看新闻，阅读报纸。⑤加强学习督查，办公室应对学习情况及效果进行考查、督查、通报，并纳入年终个人考核。⑥突出重点，强化学习，按"更高标准、更严管理、更具公信力"的要求，争创学习型机关。

二、成立领导小组，保障培训实效

学校成立了校本培训工作领导小组。校长为第一责任人，负责培训工作的全面统筹，以及支持性、保障性工作；教学校长与德育干部为执行组长，负责根据学校发展需求，制定研究专题与实施方案；由负责科研和继续教育的干部、教研组长，负责协调组织与活动记录。如图5-1所示。

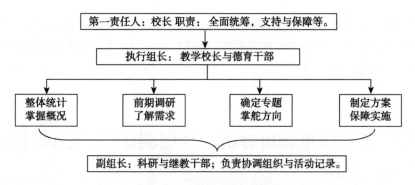

图 5-1　校本培训管理机制

各部门负责干部在学期末均要总结相关培训情况，将在培训中表现突出，同时取得优异成绩的教师上报学校，作为年度考核、绩效奖励分配、评先推优等工作的重要参考依据。

校长是校本培训的第一责任人。学校成立校本培训领导小组，建立健全校本培训制度，包括考勤、考核、奖惩等。各学科要管理到位，保证校本培训的学习研究有序而高效地开展，提高培训的整体质量。

校本培训工作在"学校领导、教科室、教研组长"的指导下开展。各部门要加强协作，各教研组要按照学校的统一部署和要求，结合本学科实际，制定计划和实施意见，认真抓好学科典型，确保校本培训工作的顺利开展。

校本培训领导小组成员要帮助各教研组制订切实可行的校本培训方案，建立行之有效的培训模式，并指导组织实施。通过培养校本培训的骨干力量，发挥他们在校本培训中的骨干、带头和辐射作用。

要加强对校本培训工作的评估检查和督导力度，校本培训实行单独考核。学校要把此项工作列入教师教学工作专项考核。开展"民族小学校本培训先进教研组、个人评选活动"。期末在所有学科、教研组、教师中评选出先进教研组、先进个人。对评选出的先进教研组、先进个人，期末予以表彰、奖励。

对校本培训工作要做到人人重视，尤其是分管领导要做到层层管理，确保实效性。学校为校本培训专设培训经费，确保校本培训年度经费的落实。

明确部门职责，保障培训进行。大家各司其职，对于校本培训工作的开展，起到了非常有效的规范、引领与推动作用。每学期，各部门均要根据学校整体工作计划、教师发展需求，制定具体培训内容。培训分为必修与选修，并按照"培训主题、培训方式、培训时间、培训地点、主讲人、培训范围、出勤情况、培训过程、培训作业、培训成果、培训小结"来记录每次培训过程。负责继续教育工作的主任，有机协调培训内容，并将培训学分计入"北京市中小学教师继续教育信息管理系统"。

第三节　注重调研分析，分层制订校本培训目标

建设一支具有良好素质、结构合理、相对稳定的教师队伍，是教育改革和发展的根本大计，是推进素质教育的根本保证。为此，学校进行了细致的前期调研，了解教师整体情况，以及发展需求，然后分层、有针对性地制订培训目标。

一、教师教龄与学历情况

教师教龄与学历情况如表 5-1 所示。

表 5-1　教师教龄与学历情况

教师总数	教龄分布/人		学历情况/人		备注说明
35 人	不满 1 年	2	大专	4	1. 非教育专业毕业 7 人。2. 区级骨干 4 人；校级骨干教师 5 人，其中语文 4 人，数学 1 人
	1～3 年	4	本科	29	
	3～5 年	6	研究生	2	
	5～10 年	1			
	10～15 年	2			
	15～20 年	4			
	20～25 年	9			
	25 年以上	7			

结论一：中青年教师人数较多，他们精力旺盛，学历较高，具有较强的学习力、接受力，教育教学经验也比较丰富。年轻教师人数近两年增多，教学经验少，需要全方位进行培训。老教师具有较丰富的教育教学经验，但不善于接受新鲜事物，参与课改科研的热情不高。

结论二：教师中，非教育专业毕业有 7 人，占 23.3%。他们没有经过系统的教育专业训练，专业理论知识基础相对薄弱。

结论三：学校一年级至四年级是两个同行班，五、六年级则为单行班，因此，教师缺乏学科竞争力。校级骨干教师学科不均衡，集中在语文学科。

二、教师自我发展需求

学校通过问卷调查、访谈、观察等多途径，从自我发展基础、自我发展定位、问题内省归因、教育教学反思、可持续学习力、科研探索能力等多层面，充分了解每位教师对于自身发展与学习的定位和需求。调查人数为 28 人，后勤工作人员除外。如表 5-2 所示。

表 5-2　教师发展需求

涉及层面	内容统计	人数
自我发展基础	对自己学历和已有理论基础比较满意的	14
自我发展定位	希望成为市区级骨干教师的；	2
	希望成为校级骨干教师的	4
问题内省归因	认为自身专业水平不够，需要进一步进行理论学习的；	20
	认为在教育教学中存在的问题，学生及家长占主要责任的	25
教育教学反思	认为有必要进行教育教学反思的；	28
	能够经常进行自主教育教学反思的；	18
	认为进行教育教学反思有用，但作用不大的	12
可持续学习力	能够根据教育教学实际进行自主学习的；	4
	认为日常没有时间学习的；	25
	认为认真备课，就能够进行教学的	8
科研探索能力	认为参与课题研究必要且重要的；	24
	认为能够独立承担课题研究的；	1
	认为课题研究是骨干教师的事情，跟自己无关的	19

结论一：部分教师，尤其是各级骨干教师具有明确的发展目标，因此在日常教育教学工作中，能够积极进取，这在学校中起到了很好、很强的示范引领作用。

结论二：多数教师具有较强的教育教学反思能力，这对于自身专业水平提升具有促进作用。少数教师看待问题片面，只是专注于某些片段或短期事件，使我们不能以较长远眼光来看事件背后变化的形态，更无法了解其真正原因。

结论三：部分教师教育教学观念滞后，进行问题归因，不由自主是归因于外，这种思考问题的方式和角度直接影响到教师自身的转变。

结论四：教师团队整体学习力有待进一步提升，学习氛围有待加强。

三、培训目标

针对实际调研情况，学校认真制定了《民族小学教师队伍建设方案》，根据教师不同层面的发展需求，确定具体的培训目标。

（1）逐步完善校本培训制度，形成有利于教师岗位成长的"培养、培训、管理"一体化的有效运行机制，构建学习化组织。

（2）继续进行新课程的培训，通过培训，全体教师具有现代理念，具有较高的教育教学专业水平和驾驭课堂的能力，掌握自主、合作、探究的课堂教学模式。

（3）继续实施名师工程，进行骨干教师评比，使我校各级骨干教师增加到教师总数的20%，做到学科、年龄、知识结构分布合理，使他们成为我校课堂教学、科研教改的学科带头人。

（4）全校教师普遍接受计算机应用能力培训，大部分教师能够利用校园网开展计算机辅助教学和网络教学，并且充分利用网络自主学习，提升自我。

（5）通过理论学习和实践研究，把新的发展性评价理念贯穿在日常教育教学行为中去，探索发展性评价模式。

（6）进行校本课程开发的理论研究和实践，使每位教师真正树立课程开发意识，既是课程的实施者也是开发者。

（7）引导教师树立终身学习观念，指导教师学会学习，提高教师的实际动手能力和教育创新能力，促进教师自主成长和提高。提高教师的思想道德素质和业务素质，实现学科教学创新、德育工作创新和管理工作创新，适应新课程改革和发展的需要。

第四节　创新校本培训管理方式

培训工作质量的高低，决定着教师成长的速度、教育教学质量的提升、学生能力的形成，乃至于学校的长久发展。为此，学校改变管理观念，创新管理方式，继而不断提高校本培训工作实效。

一、层级递进管理模式

校本培训应该是一个有机循环的循环本体，每位干部教师既是培训者，也是同研者，大家有权提出研修要求，同时也有义务共同制订校本培训与研修计划，确定培训重点。对此，学校采用层级递进管理模式，即：校级—组级—科级负责人相互联手，环环相扣，共同制订校本培训计划并组织实施。

各级又各有分工，相互补充，具体为：校级培训负责人根据区级培训计划，进行调研分析、根据实际需求制订培训计划与方案、组织相关专题学习与研讨；组级负责人（教研组）根据研究校级培训专题，制订组内研究计划，组织相关学习与研讨，同时提出培训需求；科级（同一学段的学科）研究指向更加具有针对性，范围更加集中，可以采用一课三磨、同课异构等方式进行研讨，同时共同发现问题，提出更加具体的培训需求。

例如语文低年级语文学科组重点研究识字与写字教学，发现字理识字的重要性，于是在教研组活动中提出需要进一步学习与探究。语文组组长向校级进行反馈，学校马上根据教师教学的实际需求，聘请区级语文学科教研员和名师，到校进行具体教学指导，老师们感到收获很大。之后，低语学段组织了多次课例研讨，并在校级进行了专题研究汇报。

二、科研管理模式

科研是提高教育教学工作实效的必然途径与方式。学校也是采用科研管理模式，不断提高校本培训实效。

材料显示："校本研究"，就是教师为了改进自己的教学，在自己的教室中发现某个教学问题，并在自己的教学过程中以"追踪"或汲取"他人的经验"的方式解决问题。

学校必须要有共同的研究课题来进行引领，这样才有利于教师们共力探究与解决问题。我校在 2014 年 4 月成为北京市教育学院"教与学策略研究"项目成员校后，进行多次探讨，并根据自身实际制定出研究专题——有效提问。学校的各级培训与研讨活动，均是围绕此项专题而进行，取得一定进展。

学校就是按照"是什么、为什么、怎么做、怎么样"的科研思维模式，采用恰当有效的科研方法，对老师进行科研培训。老师边学习边实践，提高了课堂教学质量。

三、自主管理模式

英国作家萧伯纳有一句名言："两个人各自拿着一个苹果，互相交换，每人仍然只有一个苹果；两个人各自拥有一个思想，互相交换，每个人就拥有两个思想。"如果团队中每个成员都能把自己掌握的新知识、新技术、新思想加以总结并和其他团队成员分享，集体的智慧势必大增，团队的学习力就会大于个人的学习力，团队智商就会大大高于每个成员的智商，整体大于部分之和。

为此，学校设立和悦论坛，管理纳入《奖励性绩效工资分配方案》，每位教师都是论坛的主人。和悦论坛交流的内容分为指定和教师自主申报，教师可以就校级专题和自己独立进行探究的课题，进行交流、反思、研讨，从而相互启迪、共享，提高教育教学水平。

校本培训的原点是始于每位教师，培训的过程和设置，还应顺应教师发展与展示需求，从而调动每位教师的自主能动性，真正实现共研、共学、共进的理想境界。为此，学校在《奖励性绩效工资分配方案》中明确提出：每位教师每学年进行校级交流、讲座等不低于 4 次。这项规定旨在激发教师积极参与课题研究，总结教育教学经验，相互学习与促进。

第五节　拓宽校本培训的工作途径

校本培训的核心在"校本"，如何拓展校本的工作路径，挖掘校本的潜力，成为校本培训成效凸显的关键。为此，学校从多种途径出发，拓宽了校本培训的工作途径。

一、挖掘培训资源，提升专业水平

学校积极挖掘校内外可供学习的资源，丰富培训形式与方式，以不断提升师资水平。

（一）师资资源

为了更好地进行培训，首先师资是保证。学校拥有一支稳定的培训队伍，第一是校内师资，包括干部、教研组长、各级骨干教师等；第二是根据需求，聘请区研修中心教研员、区名师和骨干教师等；第三是聘请市级专家亲临指导，以促进我校科研项目的深入研究；第四，我们还聘请社区专家，对相关学科教师进行指导。稳定的培训师资队伍，保证了培训任务的落实与质量。

以课程孕育黑芝麻的乡情与香味
黑芝麻胡同资源带

杨　毅

1924 年，中华教育改进社出版《小学课程概论》，陶行知在序言中写道："今日教育界责任之最重要且最紧迫者，莫若利用教育学理论解决学校课程问题。盖课程为学校教育之中心，假使课程得有圆满解决，则其他问题即可迎刃而解。"90 多年过去，我们发现，破解新时代教育改革的关键，仍然是课程。

黑芝麻胡同小学优质教育资源带，辖区的学片从鼓楼东大街到景山后街，跨越皇城分界，南锣鼓巷、玉河怀抱其中。覆盖 7 个社区、60 条胡同，包括黑芝麻、圆恩寺、织染局 3 个校区，行知体验与文化历史两个文化苑，一校五址，1 600 多名学生。迎接中国特色社会主义教育的新时代，学校提出以"国际视野，创造精神"为办学理念，进一步明确了"注重前瞻性，兼具实用性，注重区域特色，兼具国际视野"的课程建设思路。在实践的过程中，努力践行陶行知教育思想，将陶行知先生倡导的"教学做合一"与新课程理念统一起来，将创造教育与培养学生创新精神统一起来。构建出学校的创造教育课程体系，不断寻求改革突破与学校发展。

2017 年，中共中央办公厅、国务院办公厅印发了《关于实施中华优秀传统文化传承发展工程的意见》（以下简称《意见》），《意见》指出：要围绕立德树人根本任务，遵循学生认知规律和教育教学规律，把中华优秀传统文化全方位融入教育各环节，贯穿于教育各领域。新时代召唤着课程的新突破，为此学校提出：以中华优秀传统文化教育为突破，整合学校的历史与地域资源。打造黑芝麻胡同小学专属的京味优秀传统文化课程体系，以课程孕育黑芝麻的乡情与香味。

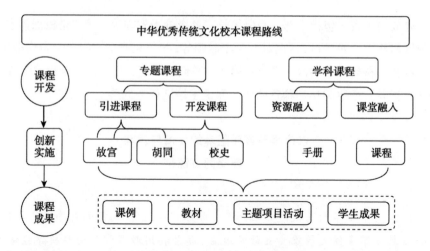

一、以校为本，校史课程扎牢学校育人的根基

学校历史悠久，人文底蕴厚重。织染局校区，建于 20 世纪 50 年代，为了改变区内失学儿童的面貌，在此设立学校。黑芝麻校区的历史可以追溯到中华人民共和国前夕，为了改变旧中国的民生未来，有识之士以办学图生存。圆恩寺校区的历史则可以追溯 400 年，为了振兴皇家教育、培育治国人才建立的镶黄旗官学。

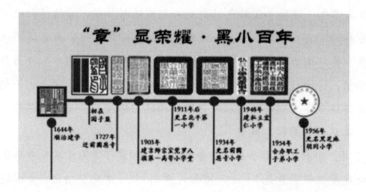

学校的发展是一部百年教育历史的缩写，其命运与国运相连，见证着国家制度与教育制度的沧海桑田，虽有盛有衰，却一直书声琅琅，薪火相传，文脉不断。校史积淀着学校的人文精神，承载着学校的教育情怀，映照着学校的核心价值观。校史建设成为学校文化建设的重要组成部分，是学校文化核心内涵的延展，是面向未来寻求发展的根基与特色标签。自 2006 年开始，学校每一年都编辑出版一册年鉴，记录学校践行行知思想、秉承创造教育的发展历程，该年鉴被首都图书馆收藏。

2013 年，学校建成了校史馆，并责成专人挖掘整理史料，丰富馆藏，记录学校发展历程。校史也是历史，我们本着求真求实、去伪存真的原则，关注细节，力求让人物活起来。于是在开发课程的过程中，我们先阅读各个时期整理的学校资料，寻访校友，努力还原校友在学校的学习生活，希望能因此了解到某一时期学校的办学理念、教师的群体影像、学生的集体意识，从而认识到学校到底给了他什么？进而，通过参考校友所撰写的文字等翔实资料，努力做到论从史出、史论结合。在教材编写的过程中，我们采集了具体可感的资料和故事，增加了可读性；挑选了与内容相关的照片，增加了阅读的趣味性；甄选了博物馆中的原始文档等图片，增加了教材的纵深度；同时设置了实践环节，让学生在学习的过程中有所思考。

经过几年的努力，学校开发编写了教材《时光沉淀的馨香——学校文化历史读本》。校史是学校的宝贵财富，我们读到金受申、宁建芳这些爱教人士为学校的发展做出的感人事件时，更能打动现在在校求学的孩子们，这样能更加激发学生的学习兴趣。无数真实的个案彰显出学校的传统，有利于学校精神的传承和发展，这些历史的印记、厚重的文化底蕴、与时俱进的校园文化，将激励着我们每一个黑小人，不忘使命，不负厚望，再添亮色。

附：校史课程内容

第一讲——问卷调查　摸底学生情况，宣讲课程内容和目标。

第二讲——建校传奇　学生调研 1644 年中国情况，皇帝建校目的。

第三讲——参观校史馆　观看展品，编写解说词。

第四讲——校史与家史　了解家庭变迁，感受社会变革。

第五讲——访谈故事　学生采用校史的研究方法，访谈家人的小学故事。

第六讲——了解行知　观看影片《陶行知》。

第七讲——学陶研陶　学生为大家讲解陶行知名言。

第八讲——创造宣言　学生讲授陶行知版和学校版宣言内容。

第九讲——北京传说　了解金受申和北京的传说，学生自己讲故事。

进而我们又编写了反映学校礼仪建设与历史文化的《小芝麻歌》，在全校各个年级段开展校史文化教育，人人诵读，人人骄傲，人人自信。在知行合一中，让校史光耀滋养师生，让孩子们知礼节、明大义、敢担当、爱创造。

二、以生为本，乡情课程奠定学生成长之基

2014 年 2 月 25 日，习近平在北京东城区玉河考察时指出："历史文化是城市的灵魂，要像爱惜自己的生命一样保护好城市历史文化遗产。北京是世界著

名古都，丰富的历史文化遗产是一张金名片。"这对生活、工作在这里的我们，是一种鞭策。"京味"是中华优秀传统文化中最重要和亲切的一部分。实现学校的办学理念，只有从本土的教育出发，才会有生命力。中华人民共和国成立后的首任校长金受申先生，是著名的北京民俗专家、作家、医生、国学大师，撰写了大量北京民俗和传说的文章，为孩子们写了很多历史故事，是北京文化传承的重要人物。这些让黑芝麻胡同小学拥有了深厚的历史文化底蕴、丰富的教育资源。

学校紧邻"直似长虹曲似环"的玉河，这是孩子们生活的地方。每天早晨，孩子们沿着北京水系源头的玉河，走过四合院石墩与红门，走进雕梁画栋的学校。一间间红门里，藏着胡适的诗歌、毛泽东的救国理想、郑振铎的文学故事……丰富的传说和名人逸事等记忆，这里是京味文化的代表地区之一。

近年来，随着城市建设步伐加快，北京胡同建筑与历史信息正在随着城市化的进程而逐渐减少和消亡，难以继续在过去的"门墩、四合院"等知识教育中停留。如何传承和延续北京传统文化的教育，成为我们要攻克的难题。胡同是北京城中最具代表性和具有规模的历史文化遗产。胡同是人类文明的结晶，而文化是胡同的灵魂和标识。每一条胡同都是一部记录着自己特有文化和古老历程的史书。它们不仅是历史和文明发展最具说服力的见证，也是发展中日显珍贵的文化基因，在中国本土文化意识日益崛起的今天，胡同的保护将为我们民族的文化复兴提供宝贵的文化土壤和精神滋养。

为了让历史文化遗产发挥更大的力量，我们基于小学生的特点，着力研发地域课程，充分开发与利用周边资源，让小胡同有大文化。传承北京和中国的优秀传统文化，成为学校的历史使命。经过几年探索与实践，深挖胡同资源，调研了学区内的所有胡同，采访人物、整理史料，进行资源统整。学校已经初步拥有了从紫禁城到小胡同的系列资源，初步形成帝王建筑的皇城文化、京城水系的玉河文化、民俗传说的胡同文化三个文化圈。

2017年，经过半年努力，学校梳理了区域内的胡同资源、名人资源、建筑资源，以扑克牌的形式呈现出来。一张张精美的图片，引领着学生关注学区的人、事、物、景，让那些不会说话的资源看得见、抓得住，发挥出教育的力量。在开学典礼中，这份礼物发放到了每位同学的手中，让他们在把玩间了解社区的历史与文化。扑克牌不仅仅是一种形式特别的乡土教材，每一张牌更像是一颗珍珠，需要把它镶嵌到生活中，串联成项链，才会发出耀眼的光芒。在前期调研过程中，我们就开展了相关活动课程的研发工作，积累了大量素材和经验，随着扑克牌的发放以及后续活动的开展，它的教育"效益"已经有所显现。

案例 1. 寻访身边的故事。在资源调查过程中，三年级聂子铭同学的家住在菊儿胡同小区，在学校里，通过老师的讲解他知道了自己所住的地方是北京市的危房改造示范区，由全世界著名的房屋设计师担任总设计。在妈妈的帮助下，他采访了住在这里的亲属和邻居，看到设计大师吴良镛先生的照片，看到了自己老祖和前总理李鹏的合影；了解到这个小区房屋改造的历史，切实地感受到了生活的幸福变化。以扑克牌资源为指引，让孩子更加了解自己生活的地

区，更加热爱这片乡土。

案例 2. 做社区导游，讲身边故事。在老师的带领下，学生们开发出一条南锣鼓巷的参观线路，再把自己调研寻访的成果变成导游词，为来到学校的嘉宾讲述社区故事，收到良好的社会反响。学校还协助进行拍摄，并筹划开展网上宣传活动。借助新媒体的环境优势，让学生在介绍地域文化的过程中，学会担负起保护和传承地域文化的责任。

案例 3. 编辑《南锣书馆》，留下教育资源。课程研发室的教师利用业余时间，追随首任校长金受申先生的遗志，多方走访，通过相关人员、图书馆、档案馆小心求证，陆续原创撰写南锣鼓巷及周边地区的传说、故事 50 余篇，从八臂哪吒城到居委会主任、过客饭店老板，让一段段故事成为教育的资源，为学校留下珍贵的原创教育财富。

案例 4. 融入学科教学，展现课程的乡土特色。随着扑克牌课程的推进，当毛泽东住在学区的故事发布后，语文老师巧妙地借助相关资料，在语文相关课文教学中灵活使用。

课程的研发使得学校形成了学科教学与活动课教学、校内教育与校外教育、传统教育与现代教育、隐性教育与显性教育、全员教育与个性教育相结合的课程框架，满足了教师学生个性发展需要，为学校的发展注入了生命力和活力。同时课程资源的开发促进了学科教学，使学生的个性得到张扬，品行内化为自觉行动。陶行知说：生活即教育。教育是实践的。教育者要发现生活中的一切美好，并把它们展示给学生，让学生浸润在文化与乡情之中，时雨化之。

三、以质为本，课程是师生的创造之基

课程为师生搭建特色发展的桥梁，课程的质量成为关键。我们提出：质量是学校生存的根本。学校连续 6 年参与了"北京市中小学课程创新实验——遨游计划项目"的研究与实验，力求通过"重新整合三级课程，充分挖掘课程资源；倡导学科融合，弥合知识裂缝"，构建学校新的课程体系。通过对学生、家长和教师开展调查问卷了解课程需求，我们对现有课程结构进行调研。将陶行知的"生活教育"理念有效地实施到教育教学中，凝聚教师、家长和社会的力量，从学生的需要、时代的需求、国家的发展出发，加大学生体验和实践的机会，促进学生综合素质的提高，初步构建出以培养学生社会适应性、提高学生综合素养的课程体系。在课程创新上，以"创造教育"为核心，从"创造的钥匙""创造的阶梯"和"创造的舞台"三个层次递进性发展；从"人文与阅读""数学与逻辑""艺术与审美""自然与科学""品德与健康"五个领域内容

构建多彩的创造教育课程体系，最终达成育人目标，即我校的学生应是会学习、爱生活、能自主、敢创新的未来世界人。

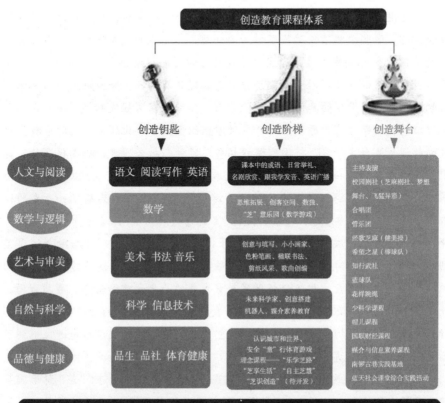

根据自身兴趣及特长，学校教师自发成立了志愿者团队，积极投身到校本课程的开发与实践中。为了提升课程质量，我们聘请专家到校指导，为教师提供展示平台，鼓励教师不断提升，实践课程、完善课程，逐渐形成了 1+4+N+X 的课程资源结构框架，即紧紧围绕学校创造教育课程体系，依托四大实践基地、多个东城区青少年学院及社会资源单位，统筹整合各级各类资源，全面为学

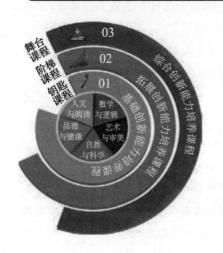

生提供综合实践活动的资源保障，大大增强了课程内容的自主性。实现"基础教育"在学校，"特色发展"在基地和学院，资源单位鼎力支持的大教育环境。整合教育领域内外资源，多种渠道选择遵循学生自身需求及成长规律，并不断更新与时俱进的课程内容，促进学生全面而有个性地发展，进一步提升学生的综合素质。这些课程不仅满足了学生的兴趣，为学生的全面发展夯实了基础，促进了孩子多元发展，而且彰显出学校的办学特色，使办学理念得以深化。

针对现有的国家课程，学校结合自身的现状及特点，努力做到将国家课程与学校、教师、学生的具体情况紧密结合，做到国家课程校本化实施，开展了各种形式的创新尝试，原创性地开展教学组织形式多样化研究。同时，我们更鼓励教师开展自主研发，将国家课程拓展、延伸与融合，进行校本化实施。其中，我校以英语学科为基础，开发的校本课程《跟我学发音》；以体育学科为基础，开发的校本课程《玩自己的体育游戏》；以美术学科为基础，开发的校本课程《手工创意》《美术与京剧文化》《创意与填写》；以音乐学科为基础，开发的《唱自己创编的歌曲》。这些对于国家课程的拓展、延伸与融合体现了创造力和研发力，为更好地实现国家课程奠定基础。在校本课程建设中，我们积极开展国际化探索，积极分析世界教育发展的趋势和前沿动态，寻找资源，开发了《媒介素养教育》《理财小达人》《我们的城市》《我们的世界》《安全"童"行》等校本课程，构成了学校发展的特色，这些课程的独创性和先进性得到了各级领导、相关教育专家以及社会各界广泛的关注与认可。

满足学生个性成长需求的课程丰富多彩：数学游戏课走进《"芝"慧乐园》，德育广播中聊《知行心语》；语文课上玩起《成语龙门阵》，为传统课堂注入了新鲜血液；30 余个精品社团和兴趣小组，为孩子搭建快乐成长的舞台；《小芝麻看世界》开启了游学的旅程。

一系列匠心独特、内容丰厚的校本课程及教材成果诞生：校史馆里飘荡着《历史沉淀的馨香》，南锣鼓巷里留下了我们《探寻胡同文化》的足迹；《我的邻居紫禁城》《课本中的成语》，校园读本《日常举礼》《小芝麻歌》，让校园书声琅琅；系列《学生原创成果集》，留下孩子们的创造印迹。

在多彩的课程中，学生们穿行于曲折幽深的胡同，走进传承百年的老字号，感受北京精神与时代风貌。他们不仅用画笔和文字记录发现，更在内心爱学校、爱社区、爱北京，为它们自豪，愿意保护和传承中华文化的薪火。

为学校、教师和学生构建出一片鲜活的教育沃土，使其获得可持续发展，是学校的责任与使命。"处处彰显创造性，让创造像呼吸一样自然"成为黑芝麻胡同小学的文化自觉。"创造教育"是砥砺人前行的生命教育，是尊重个体发展的人本教育，更是生生不息、历久弥新的创新教育。这和陶行知先生所说的"处处是创造之地，天天是创造之时，人人是创造之人"观点不谋而合。创造教育是培养民族活力的教育，是培养学生独出心裁能力的教育。

成果

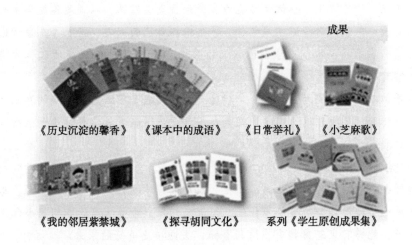

《历史沉淀的馨香》　《课本中的成语》　《日常举礼》　《小芝麻歌》

《我的邻居紫禁城》　　《探寻胡同文化》　系列《学生原创成果集》

四、课堂为本，真正关注学生实际需求

课程改革的目标是要透过高效的教育过程不断地改变学生的学习方式，以促进学生的可持续发展。要采取多种方式激发学生学习兴趣和学习动机，注重学生学习体验和参与度。课程最终落实于课堂，在"关注学生课堂表现"为主题的教研活动的推动下，学生们的学习更积极主动了；越来越多的学生敢于质疑，敢于发表自己的不同见解；师生之间、生生之间平等互动，课堂成为思想激荡、思维碰撞的地方。同时，学校还参加了北京教科院课程中心开展的"学习方式变革项目"实验课题，逐步在数学、品生、美术、音乐等学科开展实验。平板电脑走进了学生的课堂，学生们成为学习的创造者，在操作过程中，他们运用灵活多变的思维方式，自主找到了更简洁的方法，让原来沉闷的课本完全"活起来"，从而有效地提升学生的学习兴趣和学习效率。构建成以学生为主体的民主、平等、和谐、共生的课堂文化，教室里弥漫着黑芝麻的香味。

新课程改革的实施，强调教育必须在面向全体学生的同时正视学生的个别差异。近年来我们开展了"分层教学制""分层走班制"和"分层选课制"的尝试。在常态化的课堂教学中，要求教师从课前备课分层、课上实施分层、课后辅导分层来具体细化，使学生在自己原有基础上得到发展，在每一节课内都能获得成功的喜悦，从而激发学生的学习积极性，渐渐从"要我学"变成"我要学"，达到终身学习的目的；要求教师可以根据不同层次的学生重新组织教学内容，确定与其基础相适应又可以达到的教学目标，从而降低了基础较弱学生的学习难度，既满足了学有余力的学生扩大知识面的需求，同时又能够最大限度上满足学生的个性化需要；学校本着一切为学生服务的思想，在师资和设备条件许可的前提下，尽最大可能地多开设各类选修课，以满足各类学生的不同的需求。在保证必修课学习之外，学生根据自己的兴趣、特长并充分考虑自己的现有基础和层次，选学自己心仪的课程，"选我所爱，爱我所选"才能快乐地学有所成；同时小芝麻剧社、校史小讲解员、健美操、排球、武术、舞龙舞狮等都以精品社团的形式向全体学生开放，打破了班级乃至年级的界限。兴趣爱好相同、层次相近的同学们聚集在一起，使得课堂教学成效最大化得以实现。校园成为孩子们学习和生活的创造乐园。

"爱与传承"是课程的核心目标。怎样让孩子学会去爱、能够去爱呢？教育同样也是"爱"的事业，通过课程，孩子们与学校相见、与生活相见、与创造相见；与文化相知、与梦想相知，与未来相知。希望从黑芝麻胡同小学走出的孩子，能够有黑芝麻特有乡情与香味，去迎接更美好的未来。

（二）硬件资源

目前，随着学校规范化建设的推进，学校的设备越来越完善、越来越先进。每个教室均安装了先进的多媒体设备，学校请来设备公司的专家，专门对全体教师进行使用培训，不仅帮助老师们熟练操作，而且能够有机利用资源进行创新设计与使用。电教老师在计算机教室，对学科教师进行信息技术辅助教学工作培训，教老师们制作课件、信息化管理学籍等。美术教师则指导全体老师简笔画、软笔书法、板书设计等。教学校长在资源教室对随班就读教师进行专业培训。我们充分利用专业教室和师资资源，对老师进行专项培训，取得了很好的效果。

二、完善培训方式，满足多元需求

（一）以学代培

大力倡导和鼓励全校教师以自主学习为主，通过自学不断更新观念，强化内在，更新自己的教育教学方法，自觉学习掌握现代教育教学技术。学校要广泛地通过教师自学、学历达标培训学习以及其他有专业特长培训学习等促进教师素质的不断提高。

在课改中成长

周雪桐

转眼参加工作已经快两年的时间了，在这两年里我从一名学生转变成一名合格的人民教师，很庆幸在参加工作的伊始就赶上了"课改"，让我从工作的开始就接触的是新理论、新思想，接受起来相对于老教师也较为容易。但由于经验的不足以及对"深综改"相关理论思想的学习不够深入，在实施过程中，遇到了重重困难，在克服这些困难的过程中，我对课改有了更深入的理解，学生的综合能力也越来越强。

参加工作第一年，我接手三年级两个班的数学教学工作，通过对"深综改"的学习，我将我的教学方式制定为，以合作探究式学习为主，每节新授课设计大活动、小活动，先独立探究，再小组讨论，合作学习。但在实施过程中，并没有我想象的那么简单，还是遇到了很多问题。学生由于在一、二年级已经习惯了传统的教育方式，改变教学方式对学生来说需要一个适应的过程。比如在小组合作学习的过程中，有一些学生并不参与讨论，也不会去思考，积极性差。小组汇报的时候也不会发言，成为听众、观众。这样的学生多数是学困生或者还没有适应新的教学方式的学生，这样就会造成两极分化。如何照顾薄弱生，使学生全员发展成为我思考的问题。

一、人人有事做，事事有人做

为了让每一个学生都参与到小组合作探究活动中，我根据学生的学习情况，将每4个人固定为一个合作小组，并确定小组成员的分工，在每一个小组中确定组长、记录员、噪音控制员、汇报员，由每一个组员轮流做，使每一个学生每一节课的活动中担当的角色都不同，得到更加全面的发展。组长负责组织、管理工作，记录员负责合作过程中的记录工作，噪音控制员负责控制小组讨论的音量只在小组内能够听到，不影响其他组讨论，汇报员负责代表小组进行合作成果汇报。同时每一个成员在其他组做汇报后都还是提问员，提出不懂的问题或者其他组在汇报过程中自己认为有问题的地方。在自己组进行汇报的时候是协助员、解答员，在其他组提出问题时，组内成员都可以进行解答，汇报员在汇报时也可以进行协助。

这样一来，每一个同学在合作学习活动中，都有自己的特定角色，有自己要完成的任务，全员的参与度得到了大幅度的提高。

二、小组奖励机制，提高积极性

全员都能参与到教学活动中了，那如何激发学生小组讨论、合作学习的积极性呢？我想起了小红花，学生对这个奖励很是在意。那既然是小组合作学习，我就详细制定了小组奖励机制，每一个小组成员的优异表现都会为整个小组赢得奖励。比如一次精彩的汇报，可以为小组赢得一朵小红花，纪律最好的小组可以得到一朵小红花，想出最多方法的小组可以得到两朵小红花等。并且每周评出一个最佳小组，以表扬信作为奖励。

这个方法我一直沿用至今，效果很是不错，对于中年级的学生来说，集体荣誉感很强，能给小组赢得小红花比自己得到还开心。为了得到奖励，合作学习的积极性明显提高了，有的时候一道题学生可以研究讨论出好几种方法，时而就会听到学生说："老师，我受到某某某的启发又想到一种方法。"而有的方法是作为老师的我都没有想到的，每当这个时候我都倍感欣慰。

三、研读课标，钻研教材，制定有效的教学活动

在培养学生学会独立思考、小组讨论、合作学习的同时，我也在不断提高着自己的教学能力。我认真研读课标，钻研教材，请教有经验的老教师。找准每节新授课的重难点和前后知识间的联系，找到知识的生长点。设计有效的教学活动，使学生通过教学活动，小组合作探究学习，我再适时加以指导，从而达到教学目标，突破重难点。在这两年的工作里，积累着教学经验，对课标和教材的理解也在深入，认真备好每一节课，设计更高效的真问题、真活动，让学生的每一次小组合作、讨论交流都是有价值的，虽然这需要耗费我很多时间和精力去备课、磨课，但是每每看到学生们在课上积极思考、团结合作，学习数学的热情不断提高，我就感觉到这一切都是值得的。

慢慢地学生已经完全适应我的教学方式，思维能力、合作能力、组织能力、语言表达能力都得到了很大的提高，每当听到孩子们说："周老师，我们喜欢上数学课，数学课很有意思。""老师，我们组在课间又研究出一种方法。"每当看着之前胆小内向的学生自信地在台上汇报展示。每当看到汇报展示环节，生生交流过程中思维迸发出的火花。我就深刻地感受到课改的重要性，我也将继续深入学习领悟"深综改"的思想，将"以学生为主体"落到实处，让学生成为课堂的主人，做好引导者、组织者、参与者，让我的课堂成为更有活力的课堂。

（二）以课代培

学校教育教学的主阵地是课堂，让学校教师通过课堂教学实践、锻炼和提高自身素质是十分重要的。抓好新老教师的同上一节课、评课等活动促使教师快速成长。

"赛课"助专业成长

曹　新

转眼间，我在民族小学已经工作 8 年了，一直以来都很感恩学校对我的培养，为我搭建了一个又一个平台，助我在专业的道路上快速成长。在所有历练自己成长的方式中，我认为"赛课"是最快提升个人教学能力的一种途径。

2018 年 8 月暑假，我有幸接到消息，备战第二届"京教杯"，这是北京市第一次以"单元教学"为主题的教学设计大赛，虽然 12 月中旬才中期答辩，看似时间很长，但是每位参赛选手开学后就需要上交至少 3 课时的主题教学设计和课堂实录，并将 3 节课教学实录剪辑在 60 分钟以内来呈现。时间还是非常紧张的。准备过程的每一环节对我来说都是一次次的洗礼与磨砺。

区里教育学会、教研员、专家分别对我们进行了集体和个别指导，对我来说，真是收获颇丰！

一、关于选课

本届"京教杯"要求各位选手提交"1 个单元或 1 个主题活动之下的至少3 个学时的教学设计"。1 课时与 3 课时有什么区别？在这里并不是"1+1+1=3"的简单关系了，在选课时，不是随便找 3 课时进行拼凑，而是要站在单元的角度进行思考，从整体出发，统筹安排。需要教师思考：选择什么主题？每课时之间有什么内在联系？每节课侧重让学生掌握什么？……而所有的思考都基于大主题下的思考，需要先理清思路，做到逻辑清晰。

经历了本次大赛，我将常见选课模式进行了分类，一是并列式，二是递进式。"并列式"顾名思义就是所选课程内容上是并列的，展现一主题下的不同方面。还有就是"递进式"，又分为不同主题知识技能的递进和相同主题知识技能的递进。多数教师喜欢这样的选题。一个侧重内容的广度上进行递进式学习，一个侧重于深度上的递进式学习，在我看来各有千秋，一切还是要基于学情决定选题的内容。

二、关于教学设计

主题确定后，关于教学设计一定要站在"立德树人"的高度，紧紧围绕学科核心素养。在教学设计中注意：教学目标精准，体现学生主体；学情分析基于数据，课前对学生进行前测；单元整体站位，整体思路说清课时间的关联；设计特色鲜明，无论是在技术上，还是在形式上，力求符合新时代学生学习需求。

三、关于教学实录

如何设计课程固然对老师来说是个挑战，但用 60 分钟如何去诠释 120 分钟的教学实录，也不是一件易事。视频剪辑的难度已不仅仅在技术上了，而是取舍问题。留什么？舍什么？怎样用 10~20 分钟展示出一节课的亮点又体现课与课之间的联系？这些都是每一位参赛教师需要深思的地方。原则就是能体现 3 节课的精华和整个主题的精华。如何看准一节课的精华与亮点，还是在于平时的积累，多观摩他人课例，听听专家和优秀教师对于课的点评，提升评课能力。

四、关于说课

关于第二届京教杯说课答辩的指导，区里集中培训了 5 次，教研员请专家指导了两次，单独指导已经不知道是多少次了。我的说课稿已经改到了第 15 版，PPT 调整到第 10 版。我几乎每天都是在改稿、练稿中度过，就连家里 3 岁的孩子都听我说了很多遍。

在参加北京市基础教育优秀教学设计答辩时，15 分钟说一节课。而这次则要在 15 分钟说 3 节课，超时是困扰我的一大问题！通过这次说课磨炼，我认为在说课过程中，切忌面面俱到，面面俱到会让听者抓不到重点，所以在说课中，说什么很重要，一说课程间的联系；二说亮点、与众不同的地方；三说学生学习方式、学习效果。在说课课件设计中还要注意视频素材声音、影像要清晰；PPT 内容要简洁、字不宜过多，力求复杂内容简单化等问题。

以上总结，仅是我在本届京教杯过程中的一点不成熟的思考，教学的路上没有绝对的规定路线，也没有捷径，有的只是在不断的前行过程中，向着培养"全面发展的人"的目标不断调整方向，在一次次磨砺中不断成长。

（三）以结对代培

充分发挥新老教师的特点，达到老带新、新促老、互帮互学、各得其所的目的。对教师新老结对，学校要有明确的目标、要求，要监督结对培训的过程，年终进行检查评估验收和奖励。

一堂课的收获

马　静

来民族小学工作刚刚有两个年头，这两年中最大的感受是需要学习，最大的收获是得到锻炼。

一、"喜"获机会

一次偶然的机会，我参加了随班就读学生的研讨会，本想是一次普通的例会，然而却领来了任务——通州区第八届"启慧杯"随班就课堂教学展示课。这节课也光荣地落到了我的头上。我不禁打了个寒战：语文基础本就很差，不能抓住课堂生成资源，头脑反应又慢，语文教学经验又少，让我来代表学校参加比赛？完了完了，学校的捧杯记录到我这里就会被断送了。

二、"精心"备课

从开始准备到讲完这节课，一个月的时间，前前后后我改了 8 次教案。还能清晰地记得第一次备课时的情景，我与白副校长在会议室里，每人拿着一本书，从整体分析了课文写的内容、是用什么方法写的以及这样写作的目的。分析学生的认知水平和兴趣爱好，以便能更好地设立教学目标。接着就是研究教材。我们深入钻研教材，概括每个自然段的段意，给课文分部分，分析每段在文中的作用。在立足教材、超越教材的基础上确立教学目标和重难点。两节课时间，我们甚至没有成型的教学目标。接下来，就是每天除了上课的时间，就要找白校长备课，真是逐字逐句地抠、一句句地分析。本来语文功底就很差的我一直就抵触语文学科，还要这样受"洋罪"，真的是悔青了肠子。

如果说完整的一次备课是折磨，那么让人脱一层皮的痛苦还在后面。我开启了试讲之路。在试讲之后，要和老师们交流本课的亮点与不足：衔接语不吸引人，深度不够，句子练习太少，主线清晰但思路不明确……一系列问题接踵而来。于是我就开始了我的"长征路"，每周安排两次试讲，而每一次试讲之后就是从头到尾地修改教学设计，边改边在脑子里上演上课的情景，学生回答问题怎样评价，老师的衔接怎样自然等一遍遍地试，生怕会出现纰漏。接着是第二次、第三次……

三、收获满满

功夫不负"用"心人，在比赛那天，一切都很顺利，我也意外取得了第一名的好成绩。知道结果的那一刻并没有多少高兴，而是回忆一个月来的不易。白天、晚上甚至是梦里都不能停止思考。虽然已时隔半年，可想起来仍是那么紧张不安。但是，我感谢这次赛课。这是一次让我刻骨铭心的比赛，这是一段让我脱胎换骨的经历，这是一场意志与耐力的拼搏。通过这次比赛，我知道要真真正正地走进教材、挖掘教材；我还知道要认认真真分析学生，了解学情；

我更知道要立足教材与学情设计教学目标及重难点；我也不会忘记，在讲课之前要在脑子里无数次地上演上课时师生对话的情景。

通过这次活动，我收获的不仅是成绩，更是成长。从根本不懂语文到能不看教材分析自己思考文章，从不知道从哪方面备课到能清楚地说出文章的写作意图，从以前的按照教案讲到会抓住课堂生成进行有效提问，从不知道怎样备课到有强大的语文团队帮助，从不会与学生互动到每一堂课都有很好的学习气氛，我成长了不少。我明白了，要上好一堂课，要有扎实的功底，要有精彩的设计，更要有真挚的情感。

做一个称职的教师，要在发展学生的工程中更好地发展自己。我也正朝着这个目标不断努力。

（四）以研代培

组织教师参加各种教学研究活动。促使教师不断提高反思、学习、研究的自觉性。要求教师自主自立积极参加课题研究，人人有奋斗的目标。

声音的力量

郝利波

一、基本情况

张××，女，10岁，四年级学生。性格上，胆小、自卑、不爱动。在交往方面的主要问题有：不合群，孤独，害怕参加活动；自卑感强，回避与老师同学相处。上课从不主动举手回答问题，即使被老师喊到也因紧张而说不完整，语言表达能力差。

二、问题行为描述

在学校她经常上课不听讲，经常不完成作业，当老师刚要批评她时就开始哭泣，详细询问不完成作业原因时又不愿意说话，平时不合群，孤独，害怕参加活动。从不主动回答问题。

三、问题分析

通过观察与了解，我发现她与人交往时最主要的表现是：自卑心理、孤独心理、压抑心理。作为老师，必须先和她能够顺利地沟通，这确实一个大难题，只有和她沟通以后才能给予她相应的心理疏导和帮助，促使她改掉自卑，忘却孤独，增强自信，自由地与家长、老师、伙伴交往，促进心理素质不断优化，心理逐步健康，成绩也能得到提高。

四、问题解决策略与方法

（一）情感沟通

我以真诚的态度与她谈心，进行情感沟通，给予她充分的信任，抓住她的闪光点，给予及时的表扬，帮助她树立远大的理想，并为之付出努力，并用古今中外成功者的事例鼓励她，树立较强的自信心。

（二）同学关心

集体的力量是无穷的，我改正她的学习习惯方面，还注意发挥集体和伙伴的作用，通过同学的关心与督促，及时提醒她认真完成作业。首先为她营造一个平等友爱的学习环境。我和班主任经过沟通，安排一个外向、活泼、乐于助人的中队委做她的同桌。这样当她有困难时，同桌能热情地帮助她，帮助她恢复对自己的信心。同时，也能让她在与同桌交往的过程中懂得热情，感受到同学们的友爱，同时理解学会沟通是赢得同学喜爱的首要条件。

五、问题解决效果

进行了一段时间的心理辅导后，张某某的交往自信心明显提高了，家庭作业能按时完成了，上课时也能积极举手发言了，在校内，能和老师进行交流，下课有时还会主动问老师问题。以前，她孤独，不说话，现在有了一群知心朋友，平时也能主动去帮助同学。因为有了良好的交际关系，学习成绩也有所提高。奶奶反映她不再孤僻、难管了。

六、反思与收获

（1）在此次辅导中，我最大的感触就是沟通对于孩子成长的重要性，只有孩子能和你发自内心地沟通，只有家长和老师之间能够毫无保留地沟通，只有父母和孩子之间能够及时有效地沟通，才能帮助孩子不断进步。

（2）学生的不良习惯，都是日积月累逐渐形成的，而教师在工作中要化被动为主动，在平时的工作中要及时发现、及时辅导，以促进其尽快转变。

（3）在辅导过程中要向学生倾注更多的爱，努力构建起师生之间信任的关系。加强教师与家长的联系，共同督促形成良好的氛围，这样的教育和辅导就会起到事半功倍的作用。

（五）以会代培

要有计划、有层次地组织教师参加校内外各级各类学术研讨会、专题报告会、经验交流会、教学观摩展示会等，促进教师继续学习。在校内要组织教师教学经验交流、课堂教育教学技术展示会等，让教师在交流实践经验、探索方法、交流成果、学习借鉴的基础上进一步激发积极性和创造精神。

遇见自我　砥砺成长

张瀚升

泰戈尔曾这样写道："花的事业是甜蜜的，果的事业是珍贵的，让我干叶的事业吧，因为它总是谦逊地低垂着它的绿荫。"教师的事业就像树叶一样，一直为每一个孩子的成长与发展作出贡献。在踏上教师岗位的几年里，从最初的不懂教法，到点滴的磨炼成长，体会到了为人师的诸多滋味，感受到了成长的历程是艰辛的，而成功的喜悦是甜蜜的。

一、在机遇中学习

"善于捕捉机会者为俊杰。"——歌德

一个人能在机会来时抓住它，或许就会将它变成实现自我价值的内动力，在今后的道路上就能有发展的方向。我是幸运的，一直以来，经验丰富的老教师和学校各位领导都给了我很多的帮助和鼓励，让我可以在良好的环境下茁壮成长。刚工作一年，学校就给我机会参加区里组织的国学培训。在培训中，我学到了古诗吟诵的方法，对国学经典诵读产生了浓厚的兴趣。通过学习，我了解到吟诵是表达诗词文章的方式，吟诵所起的作用是：用以品味、欣赏诗文作品，体验诗文作者的写作心境，以陶醉自己。它用声音表达可分为唫、诵、吟、唱，而我们在教学中常用到的方式就是诵和吟。

从开始的听不习惯，到后来的渐渐爱上，每一周的作业我都按时上交，听着授课老师给予的点评进行修改，我的吟诵水平在逐步提升，也能从"平长仄短"这个读诗方法中体会到诗人表达的情感。吟诵教学为我打开了一扇重新认识自我的大门，一向不爱朗读演讲的我，在这次培训中，认真学习，积极表现。最终，获得了授课老师的肯定，考核得了优秀的好成绩，同时被聘为区里国学讲师团成员。这让我信心倍增，也欣喜于自己学到了一项教课的新技能。

二、在磨炼中成长

在教师的成长道路上，我想光有机遇是不够的，后面的不断努力、不断磨炼才能使自己变得更加优秀。

在参加过国学培训后，我没有停止学习吟诵教学方法的脚步，我把它应用到日常授课中，我教会学生"平长仄短"这个读诗原则，告诉他们除了读准字音、读出节奏，还要读出韵律美。在每一节讲古诗的课中，学生都会在最后用吟诵的方式体会诗情，他们与我一样，从不适应到很喜欢，再到后面只要我给出平仄入声字符号，他们就能按照原则诵读出来，甚至有的学生自己买书琢磨。我还带着学生积极参加区里的国学诵读比赛，以及市里的古诗词挑战赛等活动，并取得了优异的成绩，这些都让我获得了满满的成就感。

当然，也有遇到挫折的时候，一次评优中，随着教授年级的增长、古诗教学课容量的加大，我面临了一节课讲两首诗的挑战。这中间我经历了反复的修改、磨课，多次的试讲，在困顿与痛苦中坚持，尽管过程很艰辛，但结果很可喜。到了现在，对于一节课讲两首诗这件事，已小有心得了。为了能进一步提高自己的古诗教学水平，除了经常看一些古诗教学的优秀课例视频外，我还积极参加各项评优活动，并取得了全国、市区级奖项。

成长的脚步继续，如今的我已经成长为校骨干教师，遇见了更好的自己，而这些都源自信念的力量，源自领导、同事、亲人像一块砖石铺砌成一级又一级的台阶，让我迈进这个"美丽新世界"。在今后的工作中，我会不断磨炼自己，提高自己，充实知识，丰富经验。我会用我的激情，用我的汗水，用我的爱心砥砺前行！

（六）以考察代培

学校要有计划、有目的分期分批组织教师外出学习、考察，使教师们眼界开阔、思想解放、观念转变。通过学习、比较，在各个方面为教师提供可借鉴的东西，激发教师自觉学习、研究及实践的积极性。有利于教师结合本人的实际，提出教育教学改革与发展的意见、建议、思路和方法。

素心附小行　累累硕果归
2018 年 9 月走进北大附小浸润式培训总结

王雪梅

"未觉池塘春草梦，阶前梧叶已秋声。"4 个月的走进北京大学附属小学浸润式的培训即将结束。在整个培训过程中，北大附小为我们安排了精彩的课程，开阔了视野，更新了观念，启迪了智慧。

9 月相遇，10 月相知，秋日呢喃，冬日偎依。我们相伴进行电影沙龙及研讨 3 次，相约博物馆、三山五园、艺术馆参观 6 次，集体演绎情境体验活动 10 次，参与科研素养提升专业课程 14 次，共同举办阅读沙龙 18 次，全员观摩大学教授、兄弟校特级教师讲座 20 次，集中聆听北大讲座 22 次，研习本部领导和骨干教师实践报告 25 次，跟岗学习 1 周……正是这多元的培训内容，让我们跳出教育看教育，清楚地看到教育是什么样的，也让我们再次深思最终要培养的是什么样的人。

一、绘本教学　乐趣多多

这 4 个月的学习培训，每一天的日程都安排得非常充实。附小的老师们在教育教学理论方面的阐述也是简要而精辟，给我们带来了心智的启迪、情感的熏陶和精神的享受。给我印象最为深刻的要数江米团子——江林老师。

孩子的阅读都是从随意翻阅图画开始的，绘本是最适合孩子阅读的图书形式。儿童心理学研究认为，孩子认知图形的能力从很小就开始慢慢养成。江老师说："小小的一本绘本，加上一点点创意智慧，就能变成最好的学习工具，能启发孩子的多元智能。"江老师不仅带领学生读绘本，更神奇的是她还带着学生做绘本。正是由于老师本身对绘本的热爱，每到假期，她都会外出学习制作绘本，与国内外的绘本专家成为朋友，在附小本部，还成立了绘本工作室。她所带的班级，每一个同学都是制作绘本的"高手"。在小学语文教学中，适当地尝试用绘本打开孩子喜欢阅读的心灵，是一种很好的方法。绘本就是低年级语文教学中的最好补充。

二、更新观念　学生为本

在转变观念、丰富理论知识的同时，附小的专家、老师们从实际工作中经常遇到的问题入手，讲解了教育教学等方方面面的内容。做一个好教师，只有业务的精与博是远远不够的，更重要的是对学生无私的、不求回报的爱。一名好教师会将学生放在平等地位，信任他们，尊重他们，视他们为自己的朋友和共同探求真理的伙伴。体育马老师正是这样做的，他坚持不指责、不难为、不放纵学生，为了使学生能轻松、愉快地上体育课，他给孩子选择权，用非常平等的、朋友的身份来和孩子沟通，多用鼓励的方式使学生表现出良好的品质。努力做到用独特有意思的教学环节来抓住学生的注意力。马老师把自己多年来所积累的宝贵经验毫无保留地分享给我们，为我们传授了许多教育教学的方法。

三、同行交流　共同成长

这些鲜活生动的教学课例，让我受益匪浅。课例背后的思考与解读，更是让我们教师深受启发。

在讲座中每一次的互动交流也成为每位学员提高自己业务水平的一条途径。通过我们不断的交流，真正做到彼此之间的"教学相长"。在讨论中，大家畅所欲言，提出的许多观点和问题都是教学中的实际问题，这些问题得到了老师们的重视，他们的回答给了我们很好的启示，对我们今后的教育教学有着积极的促进作用。

四、随时反思　不断进步

培训学习是一个反思进步的过程。近4个月的培训学习是辛苦的，但留给我们的记忆和思考却是永恒的。通过这次培训，我进一步提高了认识，理清了思路，学到了新的教育教学理念，找到了自身的差距和不足。我要把在附小汲取到的先进理念、思想运用到工作中去，让这次培训的价值在工作中得到最大的体现。

三、顶层建构体系，分层分类推进

美国学者伯利纳认为，教师发展成长经历新手教师、熟练新手教师、胜任型教师、业务精干型教师和专家型教师五个阶段。不同发展阶段的教师，对于培训的需求也是不一样的，因此，为了进一步提高校本培训的质量与效果，学校必须要根据自身实际，从顶层建构培训规划体系，不断拓宽培训途径。

（一）岗前培训，规范入职

对于新入职、新任职教师，学校会组织一系列岗前专业培训，组织研读《青年教师入职读本》，熟悉学校文化愿景和教育教学常规要求；学习《民族小学规章制度汇编》，规范教师教育教学行为，使其尽快适应学校教育环境，适应教师岗位。

（二）日常跟进，强化常规

参加工作3年以内的青年教师，以及新调入教师，学校会在日常加以跟进指导，定期召开交流研讨会；根据学生测评情况，与教师一对一交流，以进一步达到学校对于课堂教学提出的规范要求。

（三）潜力教师，分层培养

教师队伍中，因为种种原因，每个人进步的速度与目标的达成度也是不一样的。学校根据教师发展需求，帮助制定《三年发展行动规划》；再根据努力的程度，确定重点培养对象，结成师徒对子，通过任务驱动，进行分层培养，搭建学习与展示平台，鼓励他们实现自我超越，尽快成长起来，乃至脱颖而出。

青年教师三年成长规划档案

姓名：郝利波

年度	2017—2018	2018—2019	2019—2020
规划目标	教师育人，为人师表，加强师德修养；立足岗位，终身学习，提升专业素质；学以致用，转变教育教学方式。	作为一名教师，我时刻告诫自己要追求卓越，崇尚一流，拒绝平庸，注重自身创新精神与实践能力、情感、态度与价值观的发展，使自己真正成长为不辱使命感、历史责任感的优秀教师，把自己的全部知识、才华和爱心奉献给学生，奉献给教育事业。	多做，多学，多听，在未来的几年中，不断改进自己的课堂。改善自身的不良习惯，将自己变成一名主动的学习者，使自己成为学生心目中具有亲和力、轻松、快乐、幽默的教师，并逐步将自己打造成吃苦耐劳型的教师。使自己的课堂变成充满英语学习氛围的课堂，成为学生向往的精神家园。
达成情况自评	在这一年中，自己阅读了教育界的名著《给教师的建议》，懂得了很多的教育手段和道理，让自己更加有信心在未来的教育教学生活中可以如鱼得水。		
学校评定	这一年来用心工作，加强自身修养，教学方式上有很大的进步。		

（四）骨干教师，专项指导

学校主要采用"1+X"模式进行骨干教师培训工作。"1"是指每学年骨干教师要独立承担一项课题的研究与交流；"X"则是指要承担示范课、引路课、课题观摩课、经验介绍、带徒弟等活动。同时，学校会聘请专家到校对他们进行专项指导，包括课题研究、课堂教学，等。骨干教师有参与学校教育教学常规管理工作的资格，指导青年教师教育教学工作，帮助他们树立威信，更快提升，在学校中起到正面的引领作用。

（五）专题研究，提升自我

教师要想成为真正的专家型教师，必须进行课题研究，充分学习教育教学科研理论，改进心智模式，用科研的视角思考问题，用科研的方法解决问题，用科研的思维梳理总结成果。

英国教育家埃利奥特主张教师专业成长途径是"思先于行"和"以行促思"。"思先于行"即教师将研究者提出的方案用于解决实际问题以便改进自己的教学，观念上的转变先于教学策略的变更，"以行促思"即教师针对某些实际问题改变自己的教学方式，在解决问题的过程中自我监控、评价，教师最初对问题的理解可望在评价的过程中得到修正和改进。可见改变教学策略的行动先于理解力的发展。

学校为了提高教师科研素养，通过参与一系列市区级科研项目及课题，同时聘请市区级科研方面的专家进行指导，来引领教师进行科研探究。

例如我校是北京市教育学院教与学策略研究项目成员校，通州区 ESD 项目成员校，通州区特教中心市级重点课题成员校等。"十二五"期间，学校有区级立项课题 1 项、校级课题 10 项。这些科研项目的参与，以及个人承担课题的研究，大大提升了教师科研的水平。

四、探究培训方法，提高青年教师团队素养

截止到上学年，我校 30 岁以下的青年教师人数一跃达到了 9 人，约占教师总数的三分之一。这个数字跟一些大校相比不算什么，但对于我校而言，则为近年来新高。正因为人数少，因此便于灵活管理。学校根据《民族小学青年教师三年培养计划》，明确了培养目标及重点。除了前面提及的固定专项培训，在日常教育教学工作中，主要采用具有我校特色的"青年教师培训七法"，指导与帮助青年教师尽快站稳、站实、站好讲台。

（一）示范模仿培训法

这种方法非常适合刚参加工作的新教师。他们刚踏上讲台，对于组织教学、教育评价等方面的专业语言非常匮乏。

例如有的新老师平时总是乐呵呵的，一到课堂上，就不由自主地绷着一张脸，语气也是一个波段，缺少起伏。于是，教学领导就把部分青年教师上课时的情景录下来；然后组织青年教师一起，观摩分析不足。最后请骨干教师进行专题讲座，并做示范，大家进行模仿，效果很好。美国社会学家米德认为，社会角色和行为的掌握是由于模仿他人的角色言行而获得的，因而模仿在人们的个体社会化中起着重要作用。因此，让新教师进行模仿是一种非常简捷有效的培养方法。

（二）情境创设培训法

这个方法适用于集体备课环节，顾名思义，就是帮助新教师模拟教学环境，大家一起验证教学设计是否合理、合乎教学规律。这也是我校备课形式的一种创新。

例如参加工作不到两年的小陆老师，学校推荐她参加区里第六届"启慧杯"课堂教学评优活动。我们民族小学规模小，三年级只有一个平行班，没有机会进行反复试讲磨课。于是，学校组织青年教师一起，模拟上课情境，共同制定解决策略。结果，经过大家共同努力，小陆老师捧得了奖杯。青年教师既是受训者，也是同研者。通过这种具体的情境式研究活动，他们对于如何结合学情来备课、如何处理课堂生成性资源，提升教学机制，有了很深心得。

（三）思维碰撞培训法

俗话说："三个臭皮匠赛过诸葛亮。"闭门造车，思维宽度是有限的。很多有意义的创造与创意，往往都是集体智慧的碰撞与结晶。我校青年教师活动每月至少一两次，多数是结合研究专题，进行教学反思与交流。有的时候，某一位老师说得特别好，就会让几个人一起议一议；有的时候，教学干部带着他们一起做问题的归因思维训练。

例如青年教师普遍反映班里有的学生难管理，不听话。这个话题引起了青年教师的共鸣。于是大家研讨："对于这些学生，是什么原因造成的？自己都做了什么？自己应该承担什么责任？"他们热烈讨论起来，想出了很多办法，通过思维的碰撞，也意识到总是把责任推给家庭、推给社会是不能解决根本问题的，还需要靠教师的智慧来解决。青年教师除了必要的手把手指导，更多的时候，需要放手让他们自己去思考、去实践。

（四）论坛交流培训法

学校开设了"和悦论坛"，每位老师都有机会登坛开讲。学校定期组织专题交流，以研代训。论坛主持人采取指定和自荐两种方式。作为青年教师，由于经验少，自荐的很少。于是，教学干部就多方创造机会，让他们进行交流锻炼。

郝利波老师参加市特教中心组织的资源教师专项系统培训，归来后主动找到学校教学干部，说自己感受很深，想跟大家谈谈这项工作的重要性。面对小郝老师主动的自荐，学校就请郝老师在第四期"和悦论坛"中，面对全体老师，进行了"爱之资源的开发"专题讲座。王校长对他的讲座给予了高度肯定。在上一学期里，"和悦论坛"共计有 32 人次"开坛论法"，起到了很好的交流作用，其中青年教师就达 17 人次。

（五）导练融合培训法

这种方法指的是先培训，然后趁热打铁，立刻对照理论，对自己的教学行为进行反省和分析，寻找解决对策。

例如教师基本功里有一项板书设计，为了加深青年教师对此项工作的认识，于是，学校组织他们进行板书设计比赛。写完后，拿出培训材料，逐一讲解板书设计的重要意义、方法与注意事项。此时，他们的板书就成了很好的剖析案例。大家一起对照培训材料，先是反省和分析自己的板书设计，接着逐个进行分析交流，并提出修改建议。这次培训，给大家留下了深刻的印象，在后面的常规听课中，板书从书写到设计都有了长足进步。

英国近代哲学家、教育家洛克认为："经验分两种：第一是外部经验，它直接来源于感觉，是人的心灵直接观察外部事物而产生的观念；第二种是内部经验，它来源于反省，是人的心灵转向内部考察自己心理活动而产生的观念。"青年教师的教学经验形成规律也是先学习，有了标准然后方能自省。

（六）读书交流培训法

书籍，是人类进步的阶梯。作为老师，当然要每天读书。当代著名教育家李希贵校长至今仍坚持每天完成"五个一"，其中就包括每天读书一小时。因此，学校非常重视不断提升青年教师的内在修养。

本学期初，学校组织全体青年教师调查喜爱和希望看到阅读的书籍，然后购买，发给大家看，包括获得了诺贝尔文学奖的川端康成的《雪国》，美国现代成人教育之父撰写的《人性的弱点》，以及《狼图腾》《人生》等。5 月 4 日青年节，学校组织青年教师召开了读书交流会，9 个青年人畅所欲言，非常激动。学校号召他们在校微信圈推荐与交流读书心得，互相促进，共同提升。

（七）幸福强化培训法

我们都在提倡提升幸福指数，它其实就是一种健康阳光的心态。教师这项职业每天都是忙忙碌碌，琐碎繁杂，教师的情绪极易受到影响。为了不断提升青年教师对于教育工作的热爱，感受教师生涯的幸福，我们采取了幸福强化法，同时提升了自信力。

日常强化。每天早读时间，领导会进行班级巡视，主动跟每一位在教室中组织教学的老师打招呼问好，有时也会跟学生们问好，拉开美好一天的序幕。

评课强化。每次听完青年教师的课，当然也包括其他教师，我们都会找到这节课中的亮点，找到老师的提升点，大力肯定老师们辛苦的付出与进步，然后提出两三点建议，让老师不断看到希望，也是一种幸福。

随机强化。我校每周一升旗仪式后，会有"荣誉分享"时刻。我们会仔细倾听青年教师所带班级的评查情况。当听到他们班级获得荣誉后，我们会抓时机对他们进行肯定和赞扬。这样，青年教师就会充满喜悦，感受得到肯定后的幸福。

成果强化。我们带着青年教师做课题研究，鼓励他们参加上级组织的各项评优活动，并且对于他们上交的征文，给予特殊辅导，提高质量，争取获奖。本学期，陆润尘老师获得第六届启慧杯，王校长为她举办了一个非常隆重的颁奖仪式，并鼓励青年教师要肯吃苦，肯琢磨，肯付出。学期末组织"和悦杯"青年教师课堂教学评优，既是一次锻炼，也是一次展示。

美国人本主义心理学家亚伯拉罕·马斯洛提出的需求金字塔理论，指出个人的发展最高的需求就是尊重的需求（社会承认的需求），以及自我实现的需求。因此，我们对青年教师要给予足够的尊重与肯定，让他们不断享受到被尊重及成功的快感，这样，他们就会逐渐感受到真正的幸福，不是物质的享受，也不是金钱的攀比，而是付出后的收获，他人的认可与尊重。

基础教育课程改革的实施，北京市深综改，向教师素质提出了新的挑战和要求。民族小学不因规模小而受限，我们定位做小而精教育，本着"船小好调头"灵活培训原则，丰富培训方式，增大教师培训力度与密度，从而促进教师快速成长，提高综合素养。校本培训工作恰恰是基于学校实际，根植于学校本土，来源于教师最近发展区的需求而开展进行的，因而也是促进教师专业发展的最直接、最有效的途径。

第六章
手拉手项目——
在共同体中成长

2017 年 11 月 15 日，通州区教委正式启动手拉手项目。我校与东城区黑芝麻胡同小学结成同盟对子，真的是一种缘分，更是一份幸运。大会之后，黑芝麻胡同小学吴健校长马上走进我校，耐心聆听王艳荣校长的介绍，以及班子成员的发展需求。

第一节　制订学期帮扶计划，提升教师专业技能

黑芝麻胡同小学有很多优质资源，值得我们学习和借鉴。因此，我校秉持"自我诊断—因需定案—主动联系—取长补短—资源共享—共同发展"的工作思路，开展手拉手工作。

一、期初制订帮扶计划

我校一直致力于和悦文化的建设。借此项目之契机，学校根据教师队伍实际，制订和开展"青松"培训计划。因为学校期待每一名教师都具有青松不畏艰难困苦的无畏精神、咬定青山不放松的坚持品质、四季常绿的和悦本色。

每学期初，我校在制订学校工作计划时，手拉手项目帮扶是工作重点之一。此外，我们还会根据学校和教师发展存在问题或者需求，制订具体的手拉手工作计划，厘清帮扶重点，然后加以落实。

制订"青松"培训计划　锻造"和悦"师资团队

——通州区民族小学"一对一"对口支持工作方案

　　民族小学一直致力于和悦文化的建设。借此项目之契机，学校将根据教师队伍实际，制订和开展"青松"培训计划。因为学校期待每一名教师都具有青松不畏艰难困苦的**无畏精神**、咬定青山不放松的**坚持品质**、四季常绿的**和悦本色**。

工作目标

1. 与黑芝麻胡同小学进行细致讨论、协商，制定本校具体对口支持内容，以及具体研学计划（包括三年计划和学期计划）。

2. 以本校教研专题为研究载体，聘请对口学校干部名师定期进行指导，确定本校具体培养教师梯队，重点是快速提高青年教师思想和业务素质。

3. 定期参加对口学校教研活动，学习先进的教学管理理念和教学策略，让目前传统的课堂教学状态发生质的改变，真正做到变教为学。通过交流学习，资源共享，共同提升。

4. 通过指导，促进一部分教师迅速成长起来，能够在市区级论文征集和课堂教学评优中获得理想成绩。

5. 指导我校进行校本课程《南街胡同文化》教学内容的梳理，力争完成校本教材文本体系。

具体措施

1. 本校依据教师实际情况，确定重点支持内容为**课堂教学**。根据教师整体情况，确定具体培养教师梯队，有针对性地聘请对口学校优秀教师进行指导。本学期重点指导学科：语文；重点培养教师4人：贾俊伶、陆润尘、王悦、刘靖思。第二梯队：张瀚升、赵蕾、马静、周雪桐（数学，新教师）。

2. 走进黑芝麻胡同小学，感受其学校与教师团队文化，学习先进的教学管理理念，以及教学管理策略，理论与实践相结合，提高本校教学管理质量。

3. 带领教师走进对口学校，感受新的教育教学理念，以及教师的师德与业务素质，激发本校教师自我效能，提高工作积极性。

4. 加强校本培训，有针对性地开展专题学习和研究活动，提高教师专业素养。

5. 聘请专家、名师走进学校，对青年教师进行近距离、针对性指导。

6. 重视教师专业技能的常态化培养，定期进行专业技能训练和评比。

7. 书是人类进步的阶梯。学校将读书计划纳入继续教育，鼓励和指导中青年教师多读书，逐步提升内在修养，培养儒雅气质。

进度安排

民族小学项目管理常规工作内容：

1. 走进黑芝麻胡同小学，进行学习、研讨与交流。

2. 聘请黑芝麻胡同小学干部教师定期走进学校进行培训指导。

3. 校本培训工作。

根据教师实际情况，现初步制订本学年度研究计划。

一、2017—2018 学年度第一学期

2017.11：

（1）与对口学校沟通本校支持需求。

（2）制订本学期具体支持计划，并与对口学校协商一致。

（3）成立学科小组，制订个人学习与发展规划。

2017.12：

（1）走进黑芝麻胡同小学，进行参观学习。

（2）参加对口学校教研活动一次。

（3）学科小组教师撰写专题反思和学习笔记；做一次研究课。

2018.1：

（1）参加对口学校教研活动一次。

（2）小结本学期工作。

（3）学科小组教师撰写教学专题总结并交流。

二、2017—2018学年度第二学期

2018.2：

（1）学科小组教师开会，了解学校培训目标，交流学习和发展规划。

（2）参加对口学校教研活动一次。（因为黑芝麻胡同小学学期初会有两天的集中教研与培训。）

2018.3：

（1）聘请对口学校进行指导：语文学科两名教师。

（2）聘请对口学校进行专题培训一次。

（3）青年教师教学基本功训练一次。

（4）学科小组教师撰写专题反思和学习笔记。

2018.4：

（1）聘请对口学校进行指导：语文学科两名教师。

（2）聘请对口学校进行指导：数学学科一名青年教师。

（3）学科小组教师撰写专题反思和学习笔记；做一次研究课。

2018.5

（1）聘请对口学校进行指导：语文学科两名教师。

（2）聘请对口学校进行指导：数学学科一名青年教师。

（3）青年教师教学基本功评比一次。

（4）学科小组教师撰写专题反思和学习笔记。

2018.6

（1）聘请对口学校进行指导：语文学科两名教师。

（2）聘请对口学校进行专题培训一次。

（3）组织青年教师进行课堂教学汇报一次。

（4）学科小组教师撰写专题反思和学习笔记。

2018.7

（1）学科小组交流研讨一次。

（2）学科小组教师上交考核材料。

（3）走进黑芝麻胡同小学参加一次期末教研活动。

保障机制

1. 学校成立对接领导负责小组，王艳荣校长为第一责任人；白海东副校长为具体事务联络人，同时负责制订活动方案、计划、校本培训教师指导等；姚培荣主任负责教师教学基本技能训练、教学指导、组织安排活动等（黑芝麻胡同小学联系人为杨毅）。双方进行及时沟通与协商。

2. 修订教师教学工作评价机制，鼓励教师积极参加培训活动，促进自我学习和成长。

3. 教师培训资金有保障。主要包括：聘请专家、名师走进校园进行指导；鼓励教师走进市里、走向全国参加各级培训活动等。

4. 采取任务驱动模式，促进重点培养教师快速成长。包括：制订个人学习与发展规划；每月撰写两篇以上教学反思，一篇学习笔记；每单元完成1～2课精备教学设计；每月一次研究课；每学期至少参加一次区级及以上评优活动；学期末撰写一篇专题教学总结等。

5. 力争每2～3周，聘请对口学校干部与骨干教师指导一次，以此促进本校教师团队素质提升。

6. 成立校本课程资源开发小组，激励教师完成校本教材教学内容的收集与整理，完善教学内容体系。

二、期末进行帮扶总结

在学习过程中，我们都会及时进行记录，同时会让老师进行活动反思，以不断提高活动实效。学期末，学校会对整体活动情况进行梳理与小结，检查计划落实情况，查找存在问题，以利于今后改进。

拥有信仰，不断前行

刘靖思

2018年1月23日，大多数人还在梦中的时候，我们通州区民族小学一行20多名领导教师已经坐上开往东城区的大巴，去参加手拉手共同体学校——北京市东城区黑芝麻胡同小学的期末教育工作会。

这次工作会以"用信仰之光照亮奋斗之路"为总题，分为上下两个半场进行。在近三个小时的活动中，我看到了黑小老师们的智慧、团结与付出。

一、形式新颖，注重团队合作

和以往我看到和参加的总结会不同，黑小的总结会有主题范围，无形式局限。在上半场"在探索的路上发现信仰"中，老师们以教研组为单位，通过多种形式，对一学期的工作进行梳理，与其说是汇报，不如说是好方法、大碰撞。

首先上场的是领导干部组，以一首诗朗诵拉开了工作会的帷幕，告诉我们什么是信仰。语文组教师以"关于阅读那点事儿"为主题，和大家分享作为教师如何选书，如何读书，如何利用碎片时间吸收知识，提升自我；数学组的老师们自创数学公众号，从Logo的设计、板块的确定、主题的创新、内容的排版……在公众号中教学生解题思路及方法，即使在家中，也仿佛老师在身边"一对一"指导；最有趣的要属科任组的"四大才子闹黑小"了。4位男老师化身四大才子，用幽默诙谐的语言汇报了自己学科一学期的工作。台上侃侃而谈，台下笑声不断，使本应该严肃的总结会变得更加有人情味儿，更像一场朋友间的成功分享。

二、走出校门，体验不同生活

短暂休息过后，进入了下半场——"在实践的路上坚定信仰"。这一板块，老师们主要介绍在远足途中的培训心得。有的老师分享准备比赛的经历，一次次备课、上课、研讨、修改再上课的过程，累并快乐着，让人在短时间内飞速成长；有的老师"送课下乡"，通过生动的讲解和一张张照片让我们看到了贫困地区孩子们对知识的渴望；有的老师走出国门，带领学生到国外比赛、演出，无论旅途的劳累、文化的差异，还是比赛的残酷，都不能使他们退缩，都要为了祖国、为了学校奋力一搏。

从老师们的经历中，我看到了他们对工作的热爱，对"完美"的追求，对进步的渴望。

本次工作会让我看到了在黑小"国际视野，创造精神"的办学理念下，老师们在工作中精神饱满、干劲十足，不满足于现有的状态和成绩，不断探索，追求创新。这也是值得我学习的地方。

央视主持人白岩松曾在自己的书中这样写道："有信仰的人不一定都幸福，但是没有信仰一定不幸福。"我想，这些老师是幸运的，他们一定拥有信仰，并每天被幸福包围着。

信仰的力量

——参加黑小期末教育工作会有感

宋丽娜

2018年1月23日，我们在校领导的带领下满怀着欢喜和渴望走进了京城名校、我们的手拉手学校——北京市东城区黑芝麻胡同小学，参加了黑小召开的期末第一场教育工作会，本次工作会以"用信仰之光照亮奋斗之路"为主题，分为"在探索的路上发现信仰"和"在实践的路上坚定信仰"上下两个半场进行。

此次会议令我耳目一新、大开眼界、无比震撼，感受到了信仰的力量。

一、耳目一新

本次工作会形式丰富、气氛高涨，打破了我们以前固有的总结工作会的模式，每个教研组都结合本组的学科特点做了不同形式的分享展示，在学科本质之上都有创新，令人耳目一新。

例如语文组的阅读分享，老师们就读什么书、怎么读书总结出了一套他们的"阅读指南"，教大家如何能够在快节奏的生活中充分利用信息化时代的优势，通过有效读书来满足自己对知识的渴望，不断提升内在修养。

再如数学组，他们自创了本组的微信公众号，并设计了一个独特的 Logo，此公众号会发布一些学习方法、解题思路及教育方法，供学生和家长们参考。这样从另一角度达到家校共同教育的目的。

又如美术组，他们以极其幽默的形式展现了他们的才华，并很好地将中华优秀传统文化传承下去。

二、大开眼界

黑芝麻胡同小学一直围绕"国际视野，创造精神"的办学理念，办人民满意的教育，培养具有"国际视野、创造精神"的祖国的接班人。学校努力为教师和孩子们创造机会，走出学校，走出国门，走上更大的舞台。老师们外出培训，孩子们出国游学、比赛，拓宽视野、增长见识。师生一起成长，不断提升自我，超越自我，共同放飞心中的梦想。

三、无比震撼

此次工作会使我最感动和为之震撼的是这个集体的团结和信仰。老师们在分享每一项成绩和收获的时候，都没有忘记他们背后有一个强大的团队在鼎力支持，倾情相助，点滴成河，聚沙成塔。他们都有着共同的教育信仰，他们说："信仰就是我们的牵引绳，让我们奉献自己的全部力量，为孩子们带来知识、能力和美好的未来。"

黑小的这次工作会，给我带来了太多的感动和启迪，黑小的不一样、黑小的精彩，都源自每个人心中那份对教育坚定的信仰。我更加深刻地领悟到，人要有信仰，它是我们的精神力量。教师更要有教育信仰，它本身就是一种巨大的教育力量，有了教育信仰才能真正体会到所从事的教育事业伟大的意义和价值。我们要更加脚踏实地，做一名有教育信仰的好老师，去实现我们美好的教育梦想！

三、定期进行沟通联系

学期初，帮扶计划制订出来后，我们会马上与学校领导进行沟通，讨论是否有问题，以便能够对我们进行针对性的指导，提高帮扶实效。

每一次活动之前，我们都会与学校的负责领导进行反复沟通，确定细节，保证活动能够顺利开展和进行。

第二节 学习优校管理经验，提高管理工作实效

通过手拉手项目，我校真的很受益，最大的改变就是在黑小干部的指导下，学校教育教学管理机制进行了改革，进一步完善。

联盟之初，王艳荣校长带领干部和教师多次走进黑小，进行观摩、交流和学习。在这之中，我们感受在本校管理中还有很多不尽完善的地方。于是，王校长带领班子成员，马上对于学校管理工作进行讨论、查找问题，制订改进方案，取得了很大成效。

一、完善学校管理制度

在一所学校发展的过程中，管理体制至关重要。俗话说，国有国法，校有校规，有了规矩，才成方圆。在与黑芝麻胡同小学领导班子几次交流之后，我们对于学校管理体制有了更深的理解，对照本校的已有管理制度，查找不足，及时改进。

2018 年 1 月，已经放了寒假，王校长带领领导班子进行多次讨论，共同对 2015 年制定的《学校管理制度》再度进行审视、改革，重新制定成《教师工作手册》，开学初发放到教师手中。各部门对于相应的制度，都进行了深度修改和补充。改动和补充较大的是《通州区民族小学教师考核工作细则》《教师教育教学评价表》《校园突发事件流程图》等。

本次完善制度，显著的改动和变化在于以下三个方面。

第一，评价制度要求更加细化，便于教师进行自我检查和约束。

第二，加大了奖励力度，同时也增加了惩罚内容，例如纳入早读评价、教学事故等。

第三，针对我校教师缺少创优争先的信心，制度中增加了条目：主动参与区级及以上评优、主动承担校内任务等。

二、制定《民族小学教师专业发展工作手册》

在交流过程中，我们发现黑芝麻胡同小学都有一本教师工作手册。细细翻

阅，感觉非常好，就是把日常教学工作集中在一起，既便于查找，也便于存档。

于是，我们认真翻阅黑小的教师工作手册，根据实际，制定出《民族小学教师专业发展手册》，主要包括《民族小学备课要求》《民族小学课堂教学要求》《民族小学作业管理办法》《教师个人专业发展规划表》《本学期取得的奖项及荣誉记录表》《本学期发展目标达成情况》《听课记录汇总表》《听课记录表》《单元检测试卷分析表》《导学三单设计表》等十项内容，此外还将《教学工作评价细表》和《教学工作年终考核表》附录在后。

在这本手册之中，我们又将每一项固有的工作要求进行了补充和细化，这样，对于教师的引领作用就更加明显；此外，新添加了《教师个人专业发展规划表》《本学期取得的奖项及荣誉记录表》《本学期发展目标达成情况》三项内容，主要目的是鼓励教师积极参与各级评优活动，树立自信，共同努力，提高教学水平。这项举措取得了较好效果，因为《教师个人专业发展规划表》将教师三年的大规划分解变成了学期具体努力的目标，这样，大家就有了更加明确的方向。

开学初，学校组织青年教师一起交流学期规划，这样大家相互观摩与学习，也是相互促进。学期末，组织青年教师进行"目标呼应"，即对照开学初自己制订的规划目标，反思与总结一学期的努力与成果。在这个总结会上，大家有成果分享的喜悦，也有未达成目标的惭愧与遗憾。学校会鼓励大家将喜悦与遗憾一并化为动力，继续奋进。

三、改变期末工作会模式

2018年1月，我们受邀参加了黑芝麻胡同小学的期末工作会，感受很深。

王艳荣校长带队，一行20多人走进黑小，进行观摩学习。黑小的期末工作会是每个部门的专场汇报：班主任、教学、后勤、工会等，内容非常丰富。他们的教学工作会专场，不只是限于教学工作，每次都有创新，给我印象最深的是本次工作会上，有的是一个团队进行专题研究汇报，有的是汇报团队共同的成长和努力，有的汇报外出研学收获体会，有的展示个人的兴趣爱好及特长等。五花八门，但是让我们感受到了团队的力量，感受到了学校文化的凝聚力。

在信仰的路上创新发展
——参加黑小期末教育工作会

2018年1月23日的清晨，冷风习习，但民族小学的教师们却满心欢喜，热血盈盈，因为今天我们即将前往黑芝麻胡同小学，参加期末教育工作会。跟我们的学校一样，黑芝麻胡同小学面积不大，但其教学质量却非常出色，这到底是一所怎样的小学？我的心中充满了疑问和期待。

走进黑小，古香古色的一排排平房映入眼帘，虽然不算宽敞，但非常整洁。工作会开始了，一位位老师在台上侃侃而谈，有的才华横溢，有的幽默风趣，精致的PPT，精彩的分享内容，老师们的分享中，始终贯穿的便是"信仰"和"创新"。

一、赤子之心，不断提升

最让我难忘的是几位语文教师对于阅读的分享，语文教学愈发强调阅读，在阅读中提高学生的能力，涵养学生的品格，而作为人师的我们，更应该身体力行，以身作则，多读书、读好书。然而在碎片化信息飞速发展的时代，读什么书、怎么读书、如何安下心来读书成为每一个渴望知识的人的疑问。黑小的几位语文教师，本着对研修的热情，怀揣着赤子之心，在这条路上思索，最终总结出一套卓有成效的"阅读攻略"。他们结合时下热点，推荐和讲解着阅读App、分享如何利用碎片化时间阅读并提高自己的阅读能力。听着他们的分享，我感触良多，阅读使人大开眼界，发展思维，涵养品性，作为中华民族的语文教师，更应该增加自己的阅读量，喜爱阅读，学会阅读，让语言文字成为生活中的一抹亮色。新时期的教师应该做学习型的教师，教育、科技、经济等知识技术日新月异，为了紧跟时代，培养新时代的接班人，身为教师，一定要与时俱进，不断学习和发展，用知识武装自己的头脑。

二、国际视野、创造精神

黑小的教师们就自己的培训经历进行了分享，有驱往外地的，还有远赴国外的，大部分教师都已成家，去外地培训无疑需要牺牲自己照顾家庭的时间，但教师们无一怨言，每位都对培训机会充满珍惜和感激，最让人深受鼓舞的是每一位老师都将培训点滴收获记录了下来，进行反思加工，在自己的课堂上进行实践和应用。其中一位教师更是远赴海外，将国际的教学方法和理论引入了国门，让国内的孩子们打开视野，对课堂更加热爱。老师们的敬业催生了一次又一次卓有成效的培训，老师们的坚守克服了或大或小的困难，老师们孜孜不倦学习的精神创造了一次又一次的自身进步和学校发展。

三、团队合作、共创辉煌

听了整场工作会，我发现老师们的发表和分享都是成群结队的，一项项优异的成果，都是老师们团结协作的果实。俗话说"众人拾柴火焰高"，团队内的每股力量往一处使，互相理解，互帮互助，遇到棘手的问题，群策群力，运用集体的智慧想办法，我相信，再困难的关卡都能闯过。

　　工作一年有余，在为师路上，我有过迷茫与彷徨，有过焦虑和急躁，班级管理工作的琐碎和繁杂甚至让我打过退堂鼓，而这天的工作会，老师们充满热爱的眼神、激昂的话语、励志的经历无不振奋着我，像给我注射了一针强心剂，点燃了那颗投身教育的初心。接下来的日子里，我会让那颗初心像灯塔一样永远为我指明方向，坚持学习、勇于创新，爱学生、爱教书，带孩子们在知识的海洋里遨游。

走进黑芝麻胡同小学

王　悦

　　黑芝麻小学是一所有着百年历史的老校。这次手拉手项目让我们民族小学的老师有机会走进黑小，感受学校依据地缘优势、结合时代发展地践行陶行知教育思想，让每个学生享受精品教育。

　　通过参加黑小期末的教师总结交流活动，我感受到了黑小提出的"创造教育"的办学特色，"事事彰显创造性""让创造像呼吸一样自然"成为师生共同的精神追求。

　　在办学理念的引领下，学校提出"注重前瞻性，兼具实用性；注重区域特色，兼具国际视野"的课程理念。黑芝麻胡同小学拥有了许多深受孩子们喜爱的课程。

　　"创造教育"的精神激发了教师的创新意识，提升了教师的创新能力。要求学校引进和开掘反映学生生活、符合时代精神的国际课程。要求学校立足学生生活，不断挖掘地域资源，充分利用课程资源，为学生提供更精彩的课程。学校身处南锣鼓巷，全体教师通过考察走访，确定了 10 多家店铺成为学生的综合实践活动基地。学生每学期都有机会走进"京绣"了解中国服饰文化、在"剪王剪纸"里体验民间艺术、在"茶社"里品茗话茶……学生们在这些特色店铺里听主人讲故事，感受传统文化与现代生活融合之美。

　　在办学理念的引领下，黑芝麻胡同小学积极为学生搭建多层平台，实现学生自主发展与个性发展。

　　黑小的教师的创造激情影响着学生的创造精神，学校处处弥漫着创造的气息。教师们创造激情和创造智慧不仅仅展现在舞台，更在平凡的讲台上迸发。

良好的社会声誉与国际化课程的开展，让师生拥有了国际视野与国际同源交流的机会。教师得以在国内外学校交流媒介素养教育的体会。在加拿大媒介素养协会、在美国的媒介素养论坛上发表和讨论自己的观点；在德国市政厅、法国展示会上讲述学生的创新故事。在学生中间开展"小芝麻看世界"系列活动，让他们有机会走进加拿大、美国等地，展示学生的创造精神和创新成果。

创造是教育的灵魂，是学校的"根"。有了它，我们的教育就会永远鲜活。习近平总书记指出："创新是民族进步的灵魂，是一个国家兴旺发达的不竭源泉，也是中华民族最深沉的民族禀赋。"而传承这民族禀赋，正是教育工作者的责任与义务。黑芝麻胡同小学的师生们对办学理念充满自信，对创造教育充满自信，对学校未来充满自信。

走出黑小，除了震撼之外更多的是深思，我们要向他们学习，学习不断创新的精神，要积极为学生搭建多层展示的机会，让学生自主发展与个性发展。做一名优秀的教师。

相比较而言，我校的教学工作总结一直比较传统，就是以教学反思、专题总结为主。为此，我们马上进行了改变。

（1）教学工作交流不再由教务处指定，而是以团队形式出现。

（2）交流内容进行了拓展，加入了青年教师兴趣和技能展示，让大家看到青年教师的成长。

（3）教研组长参与点评。

在上学期末，我们的教学交流主题是"晒"，晒努力、晒成绩、晒技能、晒不足、晒目标、晒畅想等。大家在欢乐之余，不仅对于自己的工作进行了梳理总结，也看到了他人的进步，看到了集体的成绩，同时还学到了新鲜的技能，如制作思维导图、百度截屏等。

第三节　针对教师提出困惑，有的放矢进行指导

手拉手的目的就是精准帮扶。学校学期初制订计划时，都会找部分老师了解情况，翻阅《教师专业发展手册》，了解教师发展需求，然后确定帮扶重点。这样的帮扶才真正具有了针对性，符合教师所需。

我校只有 11 个班级，因此只安排了两名英语老师。弊端就是教师承担的年级过多，无法细致备课，教学水平停滞不前。为此，学校就跟黑小校长联系，聘请骨干孙慧老师等，多次对两位老师进行指导。

作文教学应该是每位语文教师头疼的问题。我们一直想深入研究，但是一直没有成行。2018 年 2 月，制订教学计划时，我们就将作文讲评研究列为重点，请黑小骨干对我们进行指导。3 月，我们推出两位青年教师——四年级的陆润尘和张瀚升老师分别进行同一篇作文的指导和点评。黑小淮菱老师提前对教学设计进行指导，3 月 27 日，来到我校进行听课指导。通过淮菱老师的指导，大家对于如何"拓思"有了深刻的认识。

一次磨课的经历，一次快速的成长
——黑小磨课感受
贾俊伶

2019 年 3 月，我被学校推荐参加通州区小学第十届"秋实杯"课堂教学评优活动。接到这个任务，心中忐忑不安甚至有些焦虑。毕竟自己已经很多年没有参加过如此大规模的比赛活动了。而且我所教授的《语言的魅力》一课，是一篇老课文，在各种比赛中不知被讲了多少遍。怎样在别人讲过的基础上有自己的创新点和闪光点呢？这一直是我在备课中迈不过去的坎。正当我焦头烂额的时候，白校长带我走进了我们的手拉手学校——东城区黑芝麻胡同小学。

来到黑芝麻小学，学校的副校长接待了我们，简单的介绍后，校长便请来了学校的几位骨干教师，成立了备课组，马上和我一起投入紧张的备课中来。在整个磨课过程中，我一共三次走进黑小，每次都有不同的收获。一个多月的磨课，一次次研读教材，一次次试讲，一次次反思，一次次更新，一次次收获……一路走来，我在磨课中历练，在困苦与彷徨中，在希望与欣赏中，去经历，去收获，去成长。

一、磨出了感动

在整个磨课的过程中，在淮菱老师的带领下，整个备课组的老师们从教学目标开始，一遍一遍地不断帮助我修改教案。有时，到了晚上 11 点多，我遇到困难，只要在备课群里说一声，她们便会很快给予回复，从来没有任何的怨言。在每一次的磨课过程中，老师们都勇于提出自己的意见和建议，为的就是让这节课变得更好。从她们身上，我收获了满满的感动，也深刻地认识到作为一名语文教师所应具备的专业素养。

二、磨出了不足

（1）在整个过程中，越来越发现自己的口头禅使用太过频繁，平时自己不是很注意，也没有录音，感受不到它的弊端。但这一次，着实让我体会了自己是多么的浪费口舌。

（2）在学生说出或者提出一些事先未预设到的问题时，自己处理起来，应变能力不足，一味地只注重自己的备课，这样或多或少地会出现口齿不清的现象，所以，备课时很好的预设是非常必要的，要在平时备学生的方面做足功课。

三、磨出了胆量

到一个陌生的课堂，和陌生的学生，完成一节课，这是先前从未有过的体会，这一次，足足尝试了 5 次，一下过足了瘾，在这 5 次磨炼的过程中，逐渐培养了自己这方面的能力，遇事越来越从容，胆子也逐渐变大了，这其实是在培养一种习惯，当习惯了去应对陌生环境时，无形中就提升了自己临场的应变能力。

这次黑小的磨课经历给了我很多的收获。感谢这次磨课，它不仅使我看到了自己成为一名"真正"的语文老师的差距，明确了自己今后努力的方向，也使我对小学语文教学有了新的认识与思考。

第四节 教育教学资源共享，促进教师主动发展

黑小教育资源非常丰富，值得我们借鉴与学习。

一、共享教育资源

在手拉手帮扶活动中，我们不仅共享了黑小的优质资源，而且通过引荐，我们引进了先进的项目，用于教育教学工作，提高了课堂教学水平。

参加了黑小的工作会后，发现有个环节很有趣，就是利用"按按按"互动反馈系统技术，进行现场调查，马上得到了反馈和统计。于是，王校长马上咨询，引进该项目，让老师们在课堂上加以运用。

通过培训，部分老师运用起来，尝到了新技术的甜头。在 2018 年 7 月组

织的全国互动反馈技术系统课题评优活动中，我校曹新老师获得一等奖，贾俊伶和陆润尘老师获得二等奖。

二、学习共同体建设

通过交流和观察，我们感到黑小的教师团队很厉害。经过进一步了解，我们知道了黑小非常注重教师团队的建设，引导教师相互合作，真诚交流。学期末要评选或展示团组最感动瞬间，在那一时刻，老师们往往都会泪流满面。

2019年3月下旬，通州区最高规格的"秋实杯"课堂教学竞赛拉开了帷幕。民族小学贾俊伶老师代表学校参加竞赛，并光荣捧杯。本次成绩的取得，离不开黑小语文骨干教师团队的深入指导。我们单独成立了一个研讨群，时刻在群里进行交流与讨论；多次去黑小试讲，多位骨干教师参加研讨，共同打磨，最终帮助我们取得了优异成绩。

在这期间，我们借鉴黑小团队建设经验，更新了教师管理理念，教师群变更为不同的学习研讨群，同时根据需求，组建了新的学习共同体，发挥教师的群体智慧，例如国学团组、课题研究共同体等。大家一起探究，共同奉献智慧，一起成长与发展。

开发精品文化课程　创新优质特色教育
——参加"黑小"活动有感
李洪生

"创造教育"的精神要求学校立足学生生活，不断挖掘地域资源，充分利用课程资源，为学生提供更精彩的课程。走进黑芝麻胡同小学，通过了解我知道这是一所跨越皇城、怀抱玉河的学校，一所区域文化资源非常丰富的学校。为了挖掘利用这些资源，学校的干部教师通过调研考察整理，确定了三个文化圈："一个是胡同资源，一个是玉河文化，还有一个是皇城文化。""黑小"的周围有如此多的资源，如何更好地运用呢？"学校的老师通过调研和实践，开发了几副扑克牌，有建筑篇、胡同篇、名人篇。"吴健校长为我们介绍说，这3副扑克牌就代表三种课程资源，结合学校校本的课程资源和教案，孩子可以带着扑克牌和老师、家长一起走出去，到名人故居、到胡同里去亲自了解北京的文化。同时，老师在社会综合实践课程中，也会带孩子出去，让他们亲自去走访、去了解。

当我们问吴校长：让小学生了解北京自然和历史文化，对学生有怎样的教育意义？吴校长说："先让他们去了解，了解之后产生爱，爱我们的地域，爱我们的社区，爱学校，爱北京，然后产生一种责任感，就是要保护好它，建设好它，传承它。"

诚然，学校秉承"国际视野，创造精神"，提出了"走精品之路"的发展战略，并生成"擦亮品牌，服务人民，让每个学生享受精品教育"的办学理念，"注重前瞻性，兼具实用性，注重区域特色，兼具国际视野"的课程理念，创建了以创造教育为核心的课程体系。同时按照东城区教育规划的总体要求把学校建设成为适应21世纪的现代化学校整体构想，"为了学生的未来，为了未来的学生"，坚持"全面育人，发展特色"，努力构建现代化教育体系，实现教育思想、教学体系、教师队伍、办学条件及教育管理的现代化。使学校有特色、教师有特点、学生有特长。成为一所具有高质量、高效益，学生满意，家长放心，社会与高一级学校赞誉，教育行政部门认可的具有较强知名度的学校。

创造是教育的灵魂，是学校的"根"。有了它，我们的教育就会永远鲜活。习近平总书记指出："创新是民族进步的灵魂，是一个国家兴旺发达的不竭源泉，也是中华民族最深沉的民族禀赋。"而传承这民族禀赋，正是教育工作者的责任与义务。我身为通州区民族小学一名普通教师，在坚持推进素质教育、更新教育观念的同时，还要不断提高对教育基础性、战略性、先导性作用的认识，向"黑小"的干部教师学习，努力做一名业务精良、学校与家长满意的符合时代要求的好教师。

走进名校，感受教育真谛
——观摩黑芝麻胡同小学期末总结会

为了使我们这些青年教师尽快适应教学工作，2018年初，在王校长的带领下，我们很荣幸地参加了黑芝麻胡同小学教师期末总结会。大会让教师们大开眼界，可以说完全颠覆了我们对以往期末总结会的固化想象，每个教研组都做了精彩展示，其中有教研组团体的一些创新和做法，有教师个人的优秀成长过程介绍，还有在教师带领下的孩子们的精彩游学经历，都令我十分震撼，但更多的是对自己从教事业的重新审视。

令我印象深刻的展示内容是数学组自创的"黑芝麻胡同小学数学教研组"微信公众号。这个公众号不定期向学生们发布学习方法和解题思路，为家长们提供指导方法，这种做法直接拉近了学校与家庭、教师与家长、学生间的距离。数学老师们利用自己的智慧创建的公众号，精心设计了一个专属于本教研组的图标，我们试着对这个图标的意义进行猜测，我们却猜不出、答不对。最后，当老师们说出了它的意义后，我们才恍然大悟，看来我们学习的路还很长，以后要从多方面进行拓展。

还有一个展示是英语老师带领学生出国游学。她向我们展示了孩子们在国外开展的活动，内容很丰富，比赛很精彩，这次经历开阔了孩子们的视野，丰富了他们的人生经历，交到了更多的朋友，语言表达得到了锻炼，相比之下，我们的学生们的交际圈较小，同学间的团体生活也是比较少，团队意识较低，我们需要学习黑芝麻胡同小学的团队合作意识和开展多样的团队活动，丰富学生的生活。

美术教研组以视频的方式向我们展示了书写毛笔字的方法和成果，每个笔画都书写得十分秀气，老师的讲解也细致入微，仿佛让不会写毛笔字的我一下子开窍了，想亲自学习书写毛笔字。

除了以上这些，体育教研组汇报了教师外出培训和学生外出比赛的经历。丰富多彩的内容使教师的专业技能和学生的身体素质得到锻炼和提高，不禁令我感叹他们的工作与学习充满了活力。

作为一名工作没几年的青年教师，我们虽然已经具备了一定的专业知识技能，但在如何组织教学、如何最大限度地提高教学效果上缺乏正确的理论指导。通过此次活动，我的收获很大，我深深地体会到：教育是一门艺术，一门大学问，值得我用一生的精力去钻研。

总之，通过这次短暂的观摩，让我大开眼界，学到很多东西，使我进一步认识到教师这一职业的特殊性，自己的任务和肩负的使命，更加坚定了我做好教学、科研工作的信心。我要充分利用这次观摩，不断丰富和提高自身素质，处理好与同事以及学生们的关系，兢兢业业，刻苦钻研，为教育事业发展贡献自己的一份力量。

三、参与市级高阶活动

2019 年 4 月 30 日，北京市"一带一路"雏鹰建言创新协作推进研讨会在东城区黑芝麻胡同小学隆重召开。民族小学王艳荣校长亲自带队，参加本次研讨活动；五年级 1 班的张馨月同学进行了大会建言，主题为"外交小使者"，得到评委的肯定和表扬。

本次活动旨在增强中小学生关注社会的意识，提升社会责任感。活动规格很高，黑小校长亲自邀请并指导我们参加本次研讨活动。在参与的过程中，我校教师带领学生走入社会、走进班级进行细致的调查与实践，了解学生关于"一带一路"的认识与意义，然后根据调研情况进行建言。可以说，在参与活动的过程中，教师和学生都有很大的收获、提升。

四、今后工作设想

1. 线上互动

我校距离黑小距离较远，为了充分得到黑小干部教师的指导，我们准备通过引进的创先泰克项目，实现线上互动研讨，提升教师专业技能，提高课堂教学实效。

2. 师徒结对子

我们准备将部分青年教师与黑小骨干教师结为师徒对子，加速青年教师成长，进一步提高教师队伍整体水平。

我校在教学管理、校本教研、课程建设、教师队伍建设等方面，仍有很多需要改进和提升的地方。在今后，我校一定按照既定方案，带领老师扎扎实实向黑芝麻胡同小学的干部教师学习，树立新的教育教学理念，进一步提高干部管理水平和教师专业素养。